财务管理与风险控制

主 编 许 东 张 颖 李爱武

东北林业大学出版社
Northeast Forestry University Press
·哈尔滨·

版权专有　侵权必究

举报电话：0451-82113295

图书在版编目（CIP）数据

财务管理与风险控制 / 许东，张颖，李爱武主编. —哈尔滨：东北林业大学出版社，2023.4

ISBN 978-7-5674-3098-3

Ⅰ.①财… Ⅱ.①许…②张…③李… Ⅲ.①财务管理—风险管理 Ⅳ.①F275

中国国家版本馆CIP数据核字（2023）第064632号

责任编辑：	刘　晓
封面设计：	鲁　伟
出版发行：	东北林业大学出版社
	（哈尔滨市香坊区哈平六道街6号　邮编：150040）
印　　装：	廊坊市广阳区九洲印刷厂
开　　本：	787 mm×1 092 mm　1/16
印　　张：	15
字　　数：	228千字
版　　次：	2023年4月第1版
印　　次：	2023年4月第1次印刷
书　　号：	ISBN 978-7-5674-3098-3
定　　价：	60.00元

如发现印装质量问题，请与出版社联系调换。（电话：0451-82113296　82191620）

前 言

在当今世界经济一体化和资本流动全球化的背景下，企业是社会主义市场经济的重要组成部分，在利用社会资本、扩大就业、促进生产力发展、创造社会财富等方面发挥着重要作用。传统的财务管理模式，已经不能有效地保障管理效率和水平的提升，只有应用科学的财务管理模式，才能有效提升企业的整体管理水平。对企业的财务管理的理论进行研究，有助于企业在市场发展中的竞争力提升，为企业的发展带来更大的经济效益。企业的财务管理人员在实际的管理过程中，要能充分注重财务管理措施实施的科学性，只有如此才能保障企业的良好发展。

新形势下，更新财务管理的理念、方法和技术，制定一套规范性的国际会计准则，以此来协调企业财务会计实务，将成为越来越多企业关注的焦点。由此可见，对于企业财务管理与会计内部控制工作这一问题的研究具有十分重要的理论价值和现实意义。

本书基于财务管理与风险控制两方面，首先概述了财务管理理论、财务管理的体制与环境，然后分析了筹资管理、投资管理、财务分析与综合绩效评价，之后探讨了内部会计控制，并对货币资金的内部会计控制、业务流程的内部会计控制进行分析。

由于作者水平有限，书中难免有不妥之处，敬请广大读者提出宝贵意见。另外，在写作和修改过程中，作者查阅和引用了书籍以及期刊等相关资料，在此谨向本书所引用资料的作者表示诚挚的感谢。

作 者
2023 年 4 月

编 委 会

主 编

许 东　山东省滨州市公用事业服务中心

张 颖　莱阳市社会保险服务中心

李爱武　淄博市中西医结合医院

副主编

姜 岚　内蒙古赤峰市林西县审计局

刘 洋　中国人民银行营业管理部

施薇薇　北京市第六医院

王 晶　新疆维吾尔自治区药品检验研究院

杨建青　忻州汇丰中小企业融资担保有限公司

（以上副主编按姓氏首字母排序）

目 录

第一章 财务管理理论概述 ... 1
第一节 企业的组织形式与财务管理的内容 ... 1
第二节 财务管理的目标 ... 6
第三节 财务管理的环节 ... 11
第四节 财务管理的基本理论 ... 13

第二章 财务管理的体制与环境 ... 17
第一节 财务管理体制 ... 17
第二节 财务管理的环境 ... 28

第三章 筹资管理 ... 45
第一节 筹资管理概述 ... 45
第二节 长期负债筹资 ... 47
第三节 短期负债筹资 ... 54
第四节 筹资决策 ... 59
第五节 民政事业资金的筹措 ... 61

第四章 投资管理 ... 65
第一节 投资管理概述 ... 65
第二节 固定资产投资决策 ... 67
第三节 无形资产投资决策 ... 79

　　　　第四节　证券投资管理 ································· 83

　　　　第五节　风险投资管理 ································· 91

第五章　财务分析与综合绩效评价 ······························ 97

　　　　第一节　财务分析概论 ································· 97

　　　　第二节　财务指标分析 ································ 102

　　　　第三节　财务综合分析 ································ 113

　　　　第四节　综合绩效评价 ································ 119

第六章　内部会计控制概论 ··································· 127

　　　　第一节　内部控制概述 ································ 127

　　　　第二节　内部会计控制基础知识 ························ 131

第七章　货币资金的内部会计控制 ····························· 153

　　　　第一节　货币资金控制程序 ···························· 153

　　　　第二节　货币资金控制制度 ···························· 166

　　　　第三节　现金流量指标分析 ···························· 174

第八章　业务流程的内部会计控制 ····························· 179

　　　　第一节　业务流程及其相关内部会计控制 ················ 179

　　　　第二节　采购与付款循环的内部会计控制 ················ 182

　　　　第三节　存货与生产循环的内部会计控制 ················ 198

　　　　第四节　销售与收款循环的内部会计控制 ················ 212

参考文献 ·· 231

第一章 财务管理理论概述

第一节 企业的组织形式与财务管理的内容

财务管理是经济管理的重要领域，是对经济活动中资金的管理。任何组织都需要财务管理，但营利性组织（即企业）与非营利性组织的财务管理有较大区别。

一、企业的组织形式

（一）企业的定义

企业是依法设立的，以营利为目的，运用各种生产要素（土地、劳动力、资本和技术等）向市场提供商品或服务，实行自主经营、自负盈亏、独立核算的法人或其他社会经济组织。企业的目标是创造财富（或价值）。企业在创造财富（或价值）的过程中必须承担相应的社会责任。

（二）企业的组织形式

典型的企业组织形式有三种：个人独资企业、合伙企业、公司制企业。

1. 个人独资企业

个人独资企业由一个自然人投资，财产为投资者个人所有，投资者以其个人财产对企业债务承担无限责任。

个人独资企业具有以下特点：

（1）创立便捷。例如，不需要与他人协商并取得一致，只需要很少的注册资金等。

（2）维持个人独资企业的成本较低。例如，政府对其监管较少，对其规模也没有什么限制，企业决策程序简单，不需要缴纳企业所得税。

2. 合伙企业

合伙企业由合伙人订立合伙协议，共同出资，合伙经营，共享收益，共担风险，并对合伙债务承担无限连带责任。通常，合伙人是两个或两个以上的自然人，有时也有法人或其他组织。合伙企业具有与个人独资企业类似的特点和约束条件，只是程度不同。合伙企业法规定每个合伙人对企业债务须承担无限连带责任。每个合伙人都可能因偿还企业债务而失去其原始投资以外的个人财产。如果一个合伙人没有能力偿还其应承担的债务，其他合伙人须承担连带责任，即有责任替其偿还债务。法律还规定，合伙人转让其所有权时需要取得其他合伙人的同意，有时甚至还需要修改合伙协议。因此，其所有权的转让比较困难。

3. 公司制企业

依据公司法登记的机构被称为公司，它是政府注册的营利性法人组织，在法律上独立于所有者和经营者。由于是独立法人，相对于个人独资企业和合伙企业，公司具有以下优点：

（1）无限存续。一个公司在最初的所有者和经营者退出后仍然可以继续存在。

（2）所有权可以转让。公司的所有者权益被划分为若干股权份额，每个份额可以单独转让，无须经过其他股东同意。

（3）有限责任。公司债务是法人的债务，而不是所有者的债务，所有者对公司债务的责任以其出资额为限。

在以上三种形式的企业组织中，个人独资企业占企业总数的比重很大，但是绝大部分的商业资金是由公司制企业控制的。因此，财务管理通常把公司理财作为讨论的重点。

二、财务管理的概念和内容

（一）财务管理的概念

企业财务是指企业在生产经营过程中客观存在的资金运动及其所体现的经济利益关系。前者称为财务活动，后者称为财务关系。

财务管理是企业管理的一部分，是合理组织财务活动、处理财务关系的一种综合性经济管理工作。财务活动就是企业生产经营过程中的资金运动；财务关系就是在资金运动过程中，企业与有关各方面发生紧密的利益关系。

（二）企业的财务活动

企业在生产经营过程中的资金运动就是企业的财务活动。企业的财务活动贯穿于企业经营过程的始终。在市场经济条件下，企业从事经营活动，首先要筹集一定数量的资金，然后将所筹集的资金或用于自身的生产经营，或对外投资用于购买股票、债券等，在获取利润之后，向各利益相关者进行分配，以保障企业再生产的顺利进行和股东的合法权益。因此，企业的财务活动包括筹资活动、投资活动、资金营运活动和利润分配活动。

1. 筹资活动

企业从事生产经营活动，必须拥有一定数量的资金，这就需要企业进行资金的筹集，因此筹资活动是企业财务活动的起点。企业可以通过不同的渠道和方式，筹集到不同性质的资金。企业筹集的资金总体来说分为两类：一是企业的自有资金，二是企业的债务资金。企业因为筹集资金而产生的资金收支，便是由企业筹资而引起的财务活动。

2. 投资活动

企业筹集资金的目的是把资金用于生产经营以谋求最大的经济利益。所谓投资，是指以获得收入和利润为目标，将资金投入使用的过程。在投资过程中，企业必须考虑投资规模、方向和方式，以提高投资效益，控制投资风险。企业因为投放资金而产生的资金收支，便是由企业投资而引起的财务活动。

3. 资金营运活动

企业在日常的生产经营过程中，会发生一系列的资金收付。首先，企业要采购材料或商品，以便从事生产和销售活动，同时还要为保证正常的生产经营而支付工资和其他费用；其次，企业在销售产品或商品售后，便可取得收入，收回资金；最后，如果现有资金不能满足企业经营的需要，还要采用短期借款和利用商业信用等形式筹集所需资金。上述各方面都会产生资金的流入流出，这种因企业经营而引起的财务活动，称为资金营运活动。

4. 利润分配活动

企业从事经营活动的最终目的就是取得各种收入，并使所有收入大于各种成本和费用，从而赚取更多的利润。对于企业赚取的利润，要按照规定程序进行分配。企业应依据一定的分配原则，充分考虑各相关利益主体的要求，合理确定分配规模和分配方式，力争使企业取得最大的经济效益。这种因利润分配而产生的资金收支，便是利润分配活动。

上述财务活动的四个方面，不是相互割裂、互不相关的，而是紧密联系、相互依存的，正是这相互联系而又有所区别的四个方面，构成了企业财务活动的全部内容。

（三）财务管理的主要内容

企业的财务活动可以分为筹资活动、投资活动、资金营运活动和利润分配活动四个方面。据此将财务管理的内容分为筹资管理、投资管理、营运资金管理、成本管理、收入与分配管理五个部分。

1. 筹资管理

企业要根据其生产经营、发展战略、投资和资本结构等的需要，通过筹资渠道和资本市场，运用筹资方式，依法、经济有效地筹集企业所需资金，进行筹资管理。无论是建立新企业，还是经营现有企业，都需要筹集一定数量的资金。在进行筹资活动时，企业一方面要科学预测筹资的总规模，以保证所需资金；另一方面要通过选择筹资渠道和筹资方式，确定合理的筹资结构，降低资本成本，增加公司利益，控制相关风险。筹集资金管理是企业财务管理的一项重要内容。

2. 投资管理

投资是企业生存、发展及进一步获取利润的基本前提。企业取得资金后，必须将其投入使用，以谋求取得良好的经济效益。在进行投资管理活动时，企业必须考虑投资规模，同时还必须通过选择投资方向和投资方式来确定合适的投资结构，提高投资效益，降低投资风险。不同的投资项目，对企业价值和财务风险的影响程度不同。所以，企业要做好预测和决策分析，尽量提高投资效益，同时将风险控制在合理的范围以内。

3. 营运资金管理

企业在日常的生产经营活动中，会发生一系列流动资产和流动负债资金的收付。企业的营运资金在全部资金中占有较大的比重，是企业财务管理工作的一项重要内容。企业营运资金管理主要涉及现金持有计划的确定，应收账款的信用标准、信用条件和收款政策的确定，存货周期、存货数量、订货计划的确定，短期借款计划、商业信用筹资计划的确定等。如何节约资金成本，提高资金使用效率，进行流动资产的投资融资，以及如何管理流动负债，企业都要提前做好规划。

4. 成本管理

成本管理是企业日常经营管理的一项中心工作。企业在竞争中需要努力开源节流，控制成本耗费，从而增加企业收益。通过量本利分析，运用于经营决策；通过标准成本控制与分析，满足有效经营条件下所能达到的目标成本；通过作业成本管理，对传统成本管理模式进行变革，并将其应用到价值链领域，为企业战略管理提供基础；责任成本的管理，则是通过责任中心，明确责任成本，从而界定责、权、利关系考核工作业绩。成本管理涉及从成本规划、成本核算、成本控制、成本分析到成本考核的全部过程。

5. 收入与分配管理

收入与分配管理是对企业收入与分配活动及其形成的财务关系的组织与调节，是企业进行销售预测和定价管理，并将一定时期内所创造的经营成果合理地在企业内外部各利益相关者之间进行有效分配的过程。收入反映的是企业经济利益的来源，而分配反映的是企业经济利益的去向，两者共同构成企业经济利益流动的完整链条。收入的初次分配是对成本费用的弥补，这一过程随着再生产的进行而自然完成，而利润分配则是对收入初次分配的结果进行再分配。根据投资者的意愿和企业生产经营的需要，企业实现的净利润可以作为投资收益分配给投资者，也可以暂时留存企业形成未分配利润，或者作为投资者的追加投资。企业的财务人员要合理确定分配的规模和结构，确保企业取得最大的长期利益。

第二节　财务管理的目标

企业财务管理的目标是财务管理依据的最高准则，是财务活动所要达到的根本目的。它既是评价企业理财活动是否有效的基本标准，也是企业财务管理工作的行为导向，同时还是财务人员工作实践的出发点和归宿。

一、企业财务管理的目标

企业财务管理的目标有以下几种具有代表性的模式。

（一）利润最大化

利润最大化是假定在企业的投资预期收益确定的情况下，财务管理行为朝着有利于企业利润最大化的方向发展。利润最大化是西方微观经济学家的理论基础。西方经济学家以往都是以利润最大化这一概念来分析和评价企业行为和业绩的。

用利润最大化来定位财务管理目标，简明实用，便于理解，有其合理的一面，但也存在以下缺陷。

1. 没有考虑利润实现时间和资金时间价值

同样取得一定数量的利润，如果所用的时间不同，其价值则不同。这种观点没有考虑利润的实现时间。今年 100 万元的利润和 10 年以后同等数量的利润其实际价值是不一样的，10 年间还会有时间价值的增加，而且这一数值会随着贴现率的不同而有所不同。

例如，企业有 A、B 两个投资方案，初始投资额都是 5 万元，并在未来三期中取得净收益，收益方式如表 1-1 所示。

表 1-1　收益方式

万元

方案	净利润			
	第一期	第二期	第三期	合计
A	3	3	3	9
B	4	2	3	9

方案的投资和总计收益额都一样，只是利润取得的时间不同。如果单纯地根据利润最大化目标来判断，就难以做出正确判断。所以利润最大化目标只有配合资金时间价值的运用，其决策才更合理。

2. 没有考虑风险问题

不同行业具有不同的风险，同等利润值在不同行业中的意义也不相同。比如，风险比较高的高科技企业和风险相对较低的制造业企业无法简单比较。这也可能会使企业财务人员不顾风险的大小去追求最大的利润。例如，两个资本规模相同的企业今年的账面利润都是 200 万元，其中一个企业的利润已全部转化为现金，而另一个企业则全部是应收账款。究竟哪一个更符合企业的目标？若不考虑风险因素，就难以做出正确判断。

3. 没有反映创造的利润与投入资本之间的关系

例如，B 公司去年实现利润 300 万元，去年投入的资本额为 1 000 万元。今年实现利润 280 万元，投入资本额为 800 万元。到底哪一年更符合企业的目标？从利润总额来说，今年比去年减少了 20 万元，但由此可以断定今年的经营业绩比去年差吗？显然不可以。不考虑利润与投入资本额的关系，就会使企业优先选择高投入的项目，而放弃一些高效率的项目。

4. 可能导致企业短期财务决策倾向，影响企业长远发展

由于利润指标通常按年计算，因此，企业决策也往往服务于年度指标的完成或实现。在现实生活中，企业近期最大的利润有可能是建立在损害企业长远利益的基础上的，容易导致企业拼人力、拼设备，忽视创新和科研的投入等，即只顾实现目前的最大利润，而不顾企业的长远发展。

5. 利润最大化目标中的利润额容易被人为操纵

利润是会计概念，是通过一系列会计核算得出来的数字。同一项经济活动，如果选择不同的会计处理方式，便会得出不同的利润结果。所以，有时利润的增加并不能反映企业的真实状况。

（二）股东财富最大化

股东财富最大化是指企业财务管理以实现股东财富最大为目标。各种财务管理活动都以股东财富最大化为基础。这一目标的优点是考虑了风险因素，在一定程度上能避免企业短期行为，而且容易量化，便于考核和奖惩。但该指标也存在以下三个缺陷：

（1）通常只适用于上市公司。非上市公司难以应用，因为非上市公司无法像上市公司一样随时准确获得公司股价。

（2）股价受众多因素影响，特别是企业外部的因素，有些还可能是非正常因素。股价不能完全准确反映企业的财务管理状况，如有的上市公司处于破产的边缘，但由于可能存在某些机会，其股票市价可能还在走高。

（3）它更多强调的是股东利益，而对其他相关者的利益重视不够。

（三）企业价值最大化

企业价值最大化是指企业财务管理行为以实现企业的价值最大为目标。企业价值可以理解为企业所有者权益和债权人权益的市场价值或者是企业所能创造的预计未来现金流量的现值。未来现金流量这一概念包含了资金的时间价值和风险价值两个方面的因素。因为未来现金流量的预测包含了不确定性和风险因素，而现金流量的现值是以资金的时间价值为基础对现金流量进行折现计算得出的。

企业价值最大化目标充分考虑了取得报酬的时间并用时间价值的原理进行了计量，考虑了风险和报酬的关系。它将企业长期稳定的发展和持续的获利能力放在首位，能克服企业追求利润的短期行为。同时用价值代替价格，避免了过多外界市场的干扰，有效规避了企业的短期行为。

当然，以企业价值最大化作为财务管理目标也存在一定的不足之处，例如：过于理论化，不易操作。对于非上市公司而言，只有对企业进行专门的评估才能确定其价值，而在评估企业的资产时，由于受评估标准和评估方式的影响，很难做到客观和准确，等等。但是现代财务主流理论还是将其作为财务管理的最优目标。

二、财务管理目标的协调

企业从事财务管理活动，必然发生企业与各个方面的经济利益关系，在企业财务关系中最为重要的关系是所有者、经营者与债权人之间的关系。企业是所有者即股东的企业，财务管理的目标也就是股东的目标。股东委托经营者代表他们管理企业，为实现他们的目标而努力，而经营者与股东的目标并不完全一致。债权人把资金借给企业，并不是为了股东财富最大化的目标，与股东的目标也不一致。企业必须处理、协调好这三者之间的矛盾与利益关系，才能实现股东财富最大化的目标。企业财务管理的目标是股东财富最大化或企业价值最大化，根据这一目标，财务活动所涉及的不同利益主体如何进行协调，这是财务管理中必须解决的问题。

（一）所有者与经营者的利益冲突与协调

现代企业中，所有权和管理权分别归所有者和经营者所有，作为所有者，其利益在于企业价值最大化；作为经营者，则希望高报酬、少劳动。显然，这两者之间的利益存在冲突。这种利益冲突常常会导致经营者采取背离所有者目标的行为，如工作不卖力、挥霍股东的财产等行为。为了解决这一矛盾，所有者应将经营者的报酬与绩效挂钩，并辅以必要的监督措施，可供选择的措施有以下几种：

（1）激励。

激励，即将经营者的报酬与绩效挂钩，使经营者能够分享企业增加的财富，从而激励其努力工作。对经营者可以采取以短期激励为主的现金奖励措施，也可以采取以长期激励为主的股权激励措施。

（2）接收。

这是一种通过市场来约束经营者的办法，如果经营者的经营决策失误、管理不力，导致企业的生产经营每况愈下，该公司就有可能被其他公司强行接收或兼并，经营者便会因此自动被解聘。因此，经营者为了避免这种状况，必然会采取一切措施以提高公司股票市价。

（3）解聘。

这是一种通过所有者约束经营者的办法，所有者对经营者予以监督，如果经营者未能达到所有者的预期，将会被解聘。经营者因此而被迫努力工作，以实现财务管理目标。

（二）所有者与债权人的利益冲突与协调

所有者的财务目标与债权人期望实现的目标发生冲突的表现通常有以下几种情况：一是所有者可能未经债权人同意，要求经营者投资于比债权人预计风险更高的项目，从而增大债权人资金收回的风险。二是所有者未征得债权人同意，而要求经营者发行新债券或举借新贷款，致使企业偿债风险增大，旧债券或老债务的价值相应降低。

债权人为了防止其利益被损害，除了寻求立法保护外，通常采用的方法还有以下两种：

（1）在借款合同中，加入限制性条件。如规定借款的使用用途、借款的担保条款和借款的信用条件；规定不得举借新债或限制举借新债的数额等。

（2）当债权人发现企业经营者存在侵蚀其债权意图时，会拒绝进一步合作，不再提供新的借款或提前收回借款，以保护自身的权益。

（三）企业与社会的利益冲突与协调

企业财务管理的目标虽然与社会目标在很大程度上是趋于一致的，但也存在一些矛盾。这些矛盾主要表现为：企业常常为了追求片面利润，可能生产伪劣产品；企业可能不顾员工的健康，剥夺员工的利益；企业可能危害环境，将企业成本转变为社会成本；等等。为了协调企业与社会之间的矛盾，需要从法律制约、道德约束、舆论监督和行政监督等角度多层面、多方位地解决。

第三节　财务管理的环节

财务管理的环节包括财务预测、财务决策、财务预算、财务控制和财务分析等。这也是财务管理的工作步骤与一般程序，是企业为了达到财务目标而对财务环境发展变化所做的能动反应，也称为财务管理的职责和功能。

一、财务预测

财务预测是根据企业财务活动的历史资料，考虑现实的要求和条件，对企业未来的财务活动做出较为具体的预计和测算的过程。财务预测可以测算各项生产经营方案的经济效益，为决策提供可靠的依据；可以预计财务收支的发展变化情况，以确定经营目标；可以测算各项定额和标准，为编制计划、分解计划指标服务。财务预测包括以下三个步骤：

①明确预测的对象和目的；
②搜集和整理有关信息资料；
③选定预测方法，利用预测模型进行测算。

财务预测的方法主要有定性预测法和定量预测法两种。定性预测法是利用各种信息，依靠个人的主观判断和综合分析能力，对事物未来的状况和趋势做出预测的一种方法。这种方法一般在企业缺乏完备、准确的历史资料的情况下采用。定量预测法是根据变量之间存在的数量关系建立数学模型来进行预测的一种方法。这种方法是在掌握大量历史数据的基础上进行预测的。定量预测法又分为趋势预测法和因果预测法。

二、财务决策

财务决策是财务人员在财务管理目标的总体要求下,从若干个可选择的财务方案中选出最优方案的过程。财务决策是财务管理的中心环节。决策的好坏直接影响到企业的生存和发展。在财务决策中,应深入调查,寻找适合决策的条件和依据,根据一定的价值标准评选方案。财务决策主要包括以下三个步骤:

①确定决策目标;

②提出备选方案;

③选择最优方案。

三、财务预算

财务预算是根据财务战略、财务计划和各种预测信息,确定预算期内各种预算指标的过程。它是财务战略的具体化,是财务计划的分解和落实。财务预算一般包括以下三个步骤:

①分析财务环境,确定预算指标;

②协调财务能力,组织综合平衡;

③选择预算方法,编制财务预算。

财务预算的方法通常包括固定预算与弹性预算、增量预算与零基预算、定期预算与滚动预算等。

四、财务控制

财务控制是根据企业财务预算目标、财务制度和国家有关法规,对实际(或预计)的财务活动进行对比、检查,发现偏差并及时纠正,使之符合财务目标与制度要求的管理过程。通过财务控制,能使财务计划与财务制度对财务活动发挥规范与组织作用,使资金占用与费用水平控制在预定目标的范围之内,保证企业经济效益的提高。财务控制要适应定量化的控制需要,其主要包括以下三个步骤:

①制定控制标准，分解落实责任；

②实施追踪控制，及时调整误差；

③分析执行差异，搞好考核奖惩。

财务控制的方式多种多样。按控制时间的不同，可分为事前控制、事中控制和事后控制；按控制手段的不同，可分为定额控制、预算控制和开支标准控制；按控制指标的不同，可分为绝对数控制和相对数控制。

五、财务分析

财务分析是以财务的实际和计划资料为依据，结合业务经营活动情况，对造成财务偏差的主观和客观因素进行分析，并测定各影响因素对分析对象的影响程度，提出纠正偏差对策的过程。通过财务分析，可以深入了解和评价企业的财务状况、经营成果，掌握企业各项财务预算指标的完成情况，查找管理中存在的问题并提出解决问题的对策。财务分析主要包括以下四个步骤：

①占有资料，掌握信息；

②指标对比，揭示问题；

③分析原因，明确责任；

④提出措施，改进工作。

财务分析常用的方法主要有对比分析法、比率分析法和综合分析法等。对比分析法是通过对有关指标进行比较来分析财务状况的方法。比率分析法是将相互联系的财务指标进行对比，以形成财务比率，用以分析和评价企业财务状况和经营成果的方法。综合分析法是结合多种财务指标，综合考虑影响企业财务状况和经营成果的各种因素的分析方法。

第四节　财务管理的基本理论

在财务管理的发展过程中，人们的认识不断深化，对特定财务管理领域形成一系列基本理论。这些理论对财务管理起着指导作用，是理解财务管理的逻辑基础。下面简要介绍现金流量理论、价值评估理论、风险评估理论、投资组合理论、资本结构理论。

一、现金流量理论

现金流量理论是关于现金、现金流量和自由现金流量的理论，是财务管理最基础性的理论。

现金是公司流动性最强的资产，是公司生存的"血库"。"现金为王"已被人们广泛认知。现金持有量的多少体现着公司流动性的强弱，进而在一定程度上影响公司的风险和价值。现金也是计量现金流量和自由现金流量的基础要素。在实务中，公司特别重视现金和现金管理。

现金流量包括现金流入量、现金流出量和现金净流量。公司整体及其经营活动、投资活动和筹资活动都需计量现金流量，进行现金流量分析、现金预算和现金控制。依据现金流量建成的现金流量折现模型，取代了过去使用的收益折现模型，用于证券投资、项目投资等的价值评估。随着研究的深化，现金流量又发展为自由现金流量。

所谓自由现金流量，是指真正剩余的、可自由支配的现金流量。自由现金流量是美国西北大学拉巴波特、哈佛大学詹森等学者于1986年提出的，经历30多年的发展，特别在以美国安然、世通等为代表的所谓绩优公司纷纷破产后，以自由现金流量为基础的现金流量折现模型，已成为价值评估领域理论最健全、使用最广泛的评估模型。

需要指出的是，财务管理中的现金流量与会计学中的现金流量表所讲的现金流量并不完全等同，主要差别在于是否包含现金等价物，后者包含现金等价物，而前者不含现金等价物。

二、价值评估理论

价值评估理论是关于内在价值、净增加值和价值评估模型的理论，是财务管理的核心理论。

从财务管理的角度看，价值主要是指内在价值、净增加值。譬如，股票的价值实质上是指股票的内在价值，即现值；项目的价值实质上是指项目的净增现值，即净现值。内在价值、净现值是以现金流量为基础的折现估计值，而非精确值。

现金流量折现模型是对特定证券现值和特定项目净现值的评估模型。从投资决策的角度看，证券投资者需要评估特定证券的现值，以与其市场价格相比较，做出相应的决策；项目投资者需要评估特定项目的净现值，据以取得和比较净增加值，做出相应的决策。

价值评估除了研究现金流量外，还需要确定折现率。资本资产定价模型就是用于估计折现率的一种模型。资本资产定价模型由财务学家威廉·夏普在20世纪60年代创建。按照该模型，金融资产投资的风险分为两种：一种是可以通过分散投资来化解的可分散风险（非系统风险），另一种是不可以通过分散投资化解的不可分散风险（系统风险）。在有效市场中，可分散风险得不到市场的补偿，只有不可分散风险能够得到补偿。证券的不可分散风险可用 β 系数来表示，β 系数用来计量该证券报酬率对市场组合报酬率的敏感程度。市场组合是指包含市场上全部证券的投资组合。据此，形成了资本资产定价模型。资本资产定价模型解决了股权资本成本的估计问题，为确定加权平均资本成本扫清了障碍，进而使得计算现值和净现值成为可能。

三、风险评估理论

风险导致财务收益的不确定性。在理论上，风险与收益成正比，因此，激进的投资者偏向于高风险，主要是为了获得更高的利润；而稳健型的投资者则看重安全性，偏向于低风险。

在实务中，风险无时不在，无处不在。投资、筹资和经营活动都存在风险，需要进行风险评估。

四、投资组合理论

投资组合是投资于若干种证券构成的组合，其收益等于这些证券收益的加权平均值，但其风险并不等于这些证券风险的加权平均数。投资组合能降低非系统性风险投资组合理论的奠基人是经济学家马科维茨。他在 1952 年首次提出投资组合理论，并进行了系统、深入和卓有成效的研究。

从资本市场的历史中可认识到风险和报酬存在某种关系：一是承担风险会得到报酬，这种报酬称为风险溢价；二是风险越高，风险溢价越大。但是，人们长期没有找到两者的函数关系。马科维茨把投资组合的价格变化视为随机变量，以它的均值来衡量收益，以它的方差来衡量风险，揭示了投资组合风险和报酬的函数关系。因此，马科维茨的理论又称为均值二方差分析理论。他是首位对投资分散化理念进行定量分析的经济学家，他认为通过投资的分散化既可以在不改变投资组合预期收益的情况下降低风险，也可以在不改变投资组合风险的情况下增加预期收益。

五、资本结构理论

权益资本和长期债务资本的组合，形成一定的资本结构。资本结构理论是关于资本结构与财务风险、资本成本以及公司价值之间关系的理论。资本结构理论主要有 MM 理论、权衡理论、代理理论和优序融资理论等。

第二章　财务管理的体制与环境

第一节　财务管理体制

一、财务管理体制概述

企业在不同的发展阶段和不同的环境下，会选择不一样的财务管理模式；不同的经营管理团队，不同的财务管理理念，会形成不一样的财务管理风格。在外部环境及内部管理的共同要求下，企业会形成一套适合自身发展的财务管理体制。

（一）财务管理体制的概念

财务管理体制，是指企业明确其内部各层级财务权限、分清各层级财务责任以及相关的权利和义务的约束机制。财务管理体制实质上是企业内部具有一定约束力的调节机制，其关键是各层级财务管理权限的合理配置，企业所采用的财务管理体制决定了其财务管理执行的效果、运行的模式等。因此，科学配置各层级财务管理权限，是明确各层级财务管理人员权利和义务、实现资源优化配置的前提条件。

（二）财务管理体制的模式

不同的企业因为内部管理的需求不同，其采用的财务管理体制的模式（以下简称财务管理模式）是不一样的；同一个企业在不同的发展阶段，其采用的财务管理模式也是不一样的。企业采用的财务管理模式应当能满足其实现企业目标的需要。一般来说，企业财务管理体制的模式包括三种：集权模式的财务管理体制、分权模式的财务管理体制以及混合模式的财务管理体制。

1. 集权模式的财务管理体制

集权模式的财务管理体制，是指企业对其管辖的子公司、分支机构等的一切财务活动及财务关系的决策都进行高度集中，其管辖的子公司、分支机构等没有财务决策权限的管理体制。在集权模式下，企业总部的财务部门具有高度的财务决策权限，不但可以指导其管辖的子公司、分支机构等做决策，必要的时候还可以参与其管辖的子公司、分支机构等决策的执行。在集权模式的财务管理体制中，总部财务管理部门采用高度的集权手段，控制其管辖的子公司、分支机构等。

（1）集权模式的财务管理体制的特点。

在集权模式的财务管理体制下，企业主要的财务管理权限集中于企业总部财务部门，其管辖的子公司、分支机构等没有财务决策权限。企业总部财务部门负责所有的财务决策，其管辖的子公司、分支机构等只需要按照总部的财务决策执行即可。

（2）集权模式的财务管理体制的优点。

集权模式的财务管理体制的优点是企业的各项财务决策均由企业总部财务部门负责，包括制定财务管理制度、财务预算、资金使用等。在集权模式的财务管理体制下，企业由总部统一协调控制，可以充分发挥一体化管理模式的长处，有利于充分调动企业内部的人才、信息资源，有效降低成本、风险损失；有利于统一调度有限的资源，实现资源优化配置；有利于企业整体的税收筹划、实现企业的发展战略。

（3）集权模式的财务管理体制的缺点。

集权模式的财务管理体制的缺点是企业的所有财务决策权限均集中在企业总部财务部门，其管辖的子公司、分支机构等没有任何财务决策权限，不利于其管辖的子公司、分支机构等根据实际情况制定财务制度和财务预算，不能根据环境的变化及时调整财务管理手段；高度集权不利于其管辖的子公司、分支机构等发挥集体智慧的结晶，财务管理人员缺乏主动性、积极性、创新性；不利于其管辖的子公司、分支机构等财务管理人才的成长，团队丧失活力，复杂的财务程序降低了其管辖的子公司、分支机构的办事效率，面对瞬息万变的市场，缺乏财务弹性，容易丧失市场机会。

（4）集权模式的财务管理体制在企业中的应用。

在现实的企业管理中，采用集权模式的财务管理体制可以最大限度地聚合资源优势，减少分歧，有利于贯彻实施企业发展战略和经营目标。但是，企业采用集权模式的财务管理体制，除了要求企业管理高层必须具备高度的素质能力外，还要求企业必须有一个能及时、准确地传递各种信息的网络信息平台，并通过信息传递过程的严格控制以保障信息的质量。如果一个企业能够达到以上这些严格的要求，集权模式的财务管理体制就能充分发挥其优势，实现集团集权管理的高效率。但是，在强调发挥集权模式优势的同时，也应当看到信息传递及过程控制的成本问题，随着企业规模的扩大，信息的传递及过程控制成本会大幅度增加，如果成本过高，集权模式的财务管理体制就不能满足成本效益的原则；另外，随着集权程度的提高，集权模式的财务管理体制的优势可能会不断强化，但企业管辖的子公司、分支机构等的积极性、创造性与应变能力却可能在不断削弱，不利于团队的发展和进步。

2. 分权模式的财务管理体制

分权模式的财务管理体制，是指企业将财务决策权与管理权完全下放到其管辖的子公司、分支机构等，其管辖的子公司、分支机构等只需对一些财务决策结果向企业总部财务部门备案即可的管理体制。在分权模式下，企业总部财务部门不对其管辖的子公司、分支机构等进行干预，只关注其管辖的子公司、分支机构等财务决策与管理的结果。

（1）分权模式的财务管理体制的特点。

在分权模式的财务管理体制下，企业的财务决策和管理权限分散在其管辖的子公司、分支机构等，其管辖的子公司、分支机构等在人事、财务、资产、供应、生产、销售等方面均有决定权。企业的财务决策权和管理权完全下放到其管辖的子公司、分支机构等，企业总部财务部门对其管辖的子公司、分支机构等不进行干预。

（2）分权模式的财务管理体制的优点。

分权模式的财务管理体制的优点是企业管辖的子公司、分支机构等不受企业总部财务部门的干预，可以根据自身面临的环境、生产经营管理的特点以及预期经营成果等因素制定财务制度和财务决策，在执行过程中，可以根据实际情况及时调整和控制，有利于针对自身存在的问题及时做出有效决策；可以根据自身的情况因地制宜地搞好各项业务，也有利于分散经营风险，促进财务人员的成长。

（3）分权模式的财务管理体制的缺点。

分权模式的财务管理体制的缺点是企业管辖的子公司、分支机构等各自为营、各自为战，缺乏统一的部署和发展战略，容易引发企业资源的内耗和无效配置，不利于其管辖的子公司、分支机构等树立全局观念和整体意识；不利于资金的集中管理，不能发挥有限资源集中配置的优势；容易出现资金成本增大、费用失控、利润分配无序等不良情况。

（4）分权模式的财务管理体制在企业中的应用。

分权模式的财务管理体制实质上是企业把决策权限、管理权限不同程度地下放给比较接近信息源的子公司、分支机构等，通过就近原则以及从实际出发的原则及时处理企业的业务，这样便可以大大缩短信息传递的时间与传递流程，减小信息传递过程中的控制问题，节约信息传递失真及过程控制的成本，提高信息的传递质量与效率；加快企业的决策进程，提高决策的效率与管理的效果。但是，如果过度放权，会导致权力过于分散，产生企业管理目标换位问题，这是采用分权模式的财务管理体制无法完全避免的代价。因此，企业采用分权模式的财务管理体制，应当规范企业的管理制度、明确责任人的权责，避免企业管理目标换位等问题。

3. 混合模式的财务管理体制

混合模式的财务管理体制（即集权与分权相结合模式的财务管理体制），是指企业执行集权下的分权，即企业对其管辖的子公司、分支机构等在所有重大问题的决策与处理上实行高度集权，企业管辖的子公司、分支机构等则对日常经营活动具有较大的自主决策和管理权限的管理体制。混合模式的财务管理体制既有集权又有分权，在重大问题上实行集权，在日常管理中实行分权，是现代企业普遍采用的财务管理体制。

（1）混合模式的财务管理体制的特点。

在混合模式的财务管理体制下，企业以发展战略和经营目标为核心，将重大决策权集中于企业总部，由企业总部高度集权，在日常管理中，企业管辖的子公司、分支机构等具有较大的决策权限；在制度建设方面，企业应制定统一的管理制度，明确各层级财务权限及收益分配方案，企业管辖的子公司、分支机构等应当严格遵照执行，并根据自身的情况进行补充；在管理方面，企业可以充分利用总部的各项资源优势，对部分权限集中管理；在经营方面，企业应当充分调动所管辖的子公司、分支机构等生产经营的积极性。企业管辖的子公司、分支机构等应当围绕企业发展战略和经营目标，在遵守企业统一制度的前提下，可自主制定生产经营的各项决策。

（2）混合模式的财务管理体制的优点。

混合模式的财务管理体制实质上是将集权模式与分权模式进行有效组合，在重大问题上由企业总部实行高度集权，统一调配资源，充分发挥企业总部的资源优势，实现企业的战略目标和经营目标；在日常的管理中，给予企业管辖的子公司、分支机构等较大的决策权限，充分调动企业管辖的子公司、分支机构等的积极性。混合模式的财务管理体制既可以避免所有问题统一决策带来的"水土不服"效应，又可以避免各自为战、各自决策带来的"利益冲突"问题。

（3）混合模式的财务管理体制在企业中的应用。

选择集权模式还是分权模式的财务管理体制来进行财务决策，是要根据企业的内外环境综合考虑的，至今都没有固定的思路或者现成模式。财务管理体制的集权模式与分权模式，需要考虑企业与其管辖的子公司、分支机构等之间的资本关系和业务关系的具体特点以及集权与分权的"成本与利益"综合判断。作为实体的企业，企业与其管辖的子公司、分支机构等之间往往具有某种业务上的联系，特别是那些实施纵向一体化战略的企业，要求管辖的子公司、分支机构等保持密切的业务联系。企业与其管辖的子公司、分支机构等之间的业务联系越密切，就越有必要采用集权模式的财务管理体制；反之，则采用分权模式的财务管理体制。

在企业的实际管理中，具体选择集权模式的财务管理体制还是分权模式的财务管理体制，还应当判断集权与分权的"成本与效益"。集权的"成本"主要是企业所管辖的子公司、分支机构等的积极性损失和财务决策效率的下降；分权的"成本"主要是可能发生企业所管辖的子公司、分支机构等财务决策目标及财务行为与企业整体财务目标的背离，以及财务资源利用效率的下降。集权的"效益"主要是容易使企业财务目标协调和提高财务资源的利用效率，分权的"效益"主要是提高财务决策效率和调动各所属单位的积极性。另外，集权与分权应该考虑的因素还包括环境、规模和管理者的管理水平。由管理者的素质、管理水平与方法和管理手段等因素所决定的企业及各所属单位的管理水平，对财权的集中和分散也具有重要影响。较高的管理水平，有助于企业更多地集中财权，否则，财权过于分散，只会导致决策效率的低下。

在实际工作中，很少有企业单纯采用集权模式或分权模式，而是根据企业的具体情况以及所处的内外环境综合考虑，一般采用混合模式的财务管理体制。在管理上，混合模式的财务管理体制更能发挥管理上的弹性，需要集权的时候能够集权，需要分权的时候可以分权，管理比较灵活，信息传递及过程控制能够及时地反馈和调整，满足成本效益的原则。因此，混合模式的财务管理体制在企业中得到普遍的应用。

二、企业财务管理体制的设计

不同的企业因为内部管理的需求不同，其采用的财务管理体制是不一样的；同一个企业在不同的发展阶段，其采用的财务管理体制也是不一样的。企业如何选择财务管理体制，在不同的发展阶段如何更新财务管理体制，是企业管理活动的重要决策。一般来说，企业财务管理体制的选择或更新应当考虑以下四个方面的因素。

（一）与现代企业管理制度相适应

现代企业管理制度也称产权管理制度，是指以企业的产权作为依托，对各种经济主体在产权关系中的权利、责任进行合理有效的组织、调节、控制的制度。现代企业管理制度具有以下四个方面的特点。

1. 产权清晰

现代企业是一种所有权和经营权相分离的企业组织形式。企业的所有权归企业的投资者所有，企业的投资者可以通过产权委托方式，将企业委托给职业经理人（管理人）团队管理，由企业的职业经理人团队负责经营。因此，企业内部相互间关系的处理应以产权制度安排为基本依据。企业作为各所属单位的股东，根据产权关系享有作为终极股东的基本权利，特别是对所属单位的收益权、管理者的选择权、重大事项的决策权等。

2. 责任明确

现代企业是以产权关系作为依据的企业组织形式，通过建立完善的制度来明确相关责任人的责任，做到责任明确，事事有人负责。在现代企业管理中，更多的是通过完善的制度来处理企业的各项业务，约束经办人员和相关领导，使其明确各自的权限，在授权范围内开展业务，处理相关事项。

3. 政企分开

现代企业是顺应市场经济的发展而产生的，在市场经济下，企业是独立的主体，是自负盈亏的企业法人。政府是监管部门，负责监管市场、调控经济，为企业做好各项服务，但不得干预企业的正常生产活动。政企分开，是现代企业形成的前提条件。

4. 管理科学

按照现代企业制度的要求，企业财务管理体制必须以产权管理为核心，以财务管理为主线，以财务制度为依据，体现现代企业制度特别是现代企业产权制度管理的思想。

（二）决策权、执行权与监督权三者分立

现代企业是以产权关系作为依据的企业组织形式，应当实行科学管理，即企业的决策权、执行权、监督权三者分立，做到相互制约、相互促进。一般情况下，企业的决策权由股东大会或董事会来行使，执行权由经理人团队行使，监督权由监事会行使。只有实行三权分立，才能更好地管理企业，促进企业规范化、良性发展。

（三）财务综合管理和分层管理思想

1. 现代企业管理制度是一种综合性、战略性的管理

企业财务管理不能简单地认为是企业总部财务部门的财务管理，也不能简单地认为是企业管辖的子公司、分支机构等财务部门的财务管理，它实质上是一种综合性、战略性的管理。

另外，财务管理也是一种分层的管理，不同层级的财务管理内容及手段是不一样的。

2. 现代企业财务管理对企业的要求

（1）要求企业从整体角度对企业的财务战略进行定位。

（2）对企业的财务管理行为进行统一规范，做到高层的决策结果能被低层战略经营单位完全执行。

（3）以制度管理代替个人的行为管理，从而保证企业管理的连续性。

（4）以现代企业财务分层管理思想指导具体的管理实践。

（四）与企业组织体制相对应

企业组织体制大体上有 U 型组织、H 型组织和 M 型组织三种形式。其中，U 型组织仅适合产品简单、规模较小的企业，实行财务管理层级的集中控制；H 型组织实质上是企业集团的组织形式，子公司具有法人资格，分公司则是相对独立的利润核算中心；M 型组织由三个相互关联的层次组成，这三个层次分别是由董事会和职业经理人团队组成的最高决策层，由职能和支持部门、服务部门组成的战略研究和执行层，由围绕企业主导或核心业务组成的开发推广和

信息反馈层。M型组织是目前国际上大集团管理体制的主流形式。

三、混合模式的财务管理体制的基本内容

现代企业普遍使用的是集权模式与分权模式相结合的财务管理体制，其关键是企业总部必须做到制度统一规范、资金集中管理、信息集成传输和人员委派制度，如果企业总部做不到这些，那么混合模式的财务管理体制就达不到预期的效果。在混合模式的财务管理体制中，集权管理的项目包括制度制定权、筹资权、投资权、用资及担保权、固定资产购置权、财务机构设置权、收益分配权；分权管理的项目包括经营自主权、人员招聘及管理权、业务定价权、费用开支审批权。

（一）集权管理的项目

1. 制度制定权

企业总部根据国家法律、法规和其他相关规定，结合企业自身的发展战略、内部经营管理的需要，制定统一规范的财务管理制度，在企业总部及其管辖的子公司、分支机构等统一执行。需要注意的是，企业管辖的子公司、分支机构等只有制度执行权，但其可以根据自身的实际情况制定实施细则和补充规定。

2. 筹资权

筹资是指企业按照投资和日常经营活动等的需要，采用一系列的手段和方式筹措一定数额资金的活动。在集团企业中，为了使企业筹资风险最小，筹资成本最低，应当由企业总部统一部署、统一筹集资金。如企业管辖的子公司、分支机构等需要贷款，应当由企业总部统一联系金融机构办理贷款总额，企业管辖的子公司、分支机构等再分别办理贷款手续，按合同规定自行支付利息；如企业管辖的子公司、分支机构等需要发行短期商业票据，企业总部应当充分考虑，综合分析企业资金的占用情况，并保证到期时银行账户有足额的资金贴现，不能因为票据到期不能兑现而影响企业信誉。企业总部对管辖的子公司、分支机构等进行追踪，审查现金使用状况，合理调配内部资金，提高资金的使用效率。

3. 投资权

投资是一项风险性的经济活动，企业对外投资应当遵守成本效益性、分散风险性、安全性、整体性的原则。无论是企业总部还是其管辖的子公司、分支机构等的对外投资，都必须经过可行性分析、研究论证、决策等的过程。另外，必须有财务人员参加投资决策的过程，财务人员应当会同有关专业人员，通过仔细调查了解，开展可行性分析，预测今后若干年内的市场变化趋势及可能发生风险的概率、投资该项目的建设期、投资回收期、投资回报率等，写出财务报告，提出建议，报送领导参考决策。

为了保证投资效益，分散投资风险，企业对外投资应当执行限额管理，超过限额的投资，其决策权归属企业总部。被投资项目一经批准确立，财务部门应协助有关部门对项目进行跟踪管理，对出现的偏差，应及时和有关责任部门对接，并予以纠正；对投资收益不能达到预期目标的项目，应及时清理解决，并追究有关负责人员的经济管理责任；同时应完善投资管理，企业应当根据自身特点建立一套具有可操作性的财务分析指标体系，规避有可能出现的财务风险。

4. 用资及担保权

企业总部应加强资金使用的安全性管理，对大额资金的拨付要严格跟踪监督，建立完善的审批手续，并严格执行财务制度。因为企业管辖的子公司、分支机构等财务状况的好坏直接关系到企业所投入资本的保值和增值问题，同时因为资金受阻导致获利能力下降，会降低企业的投资报酬率。

企业担保不慎，会引起信用风险和违约责任。企业内部的对外担保权应归企业总部集中管理，未经企业总部批准，企业管辖的子公司、分支机构等不得为其他企业提供担保，同时企业总部为其管辖的子公司、分支机构等提供担保应制定相应的审批程序。对过去的逾期未收货款，指定专人负责，统一步调，积极清理，坚持"谁经手，谁批准，由谁去收回货款"，做到责任明确。

5. 固定资产购置权

固定资产具有占用金额大、使用期限长、难以变现等特点。因此，企业管辖的子公司、分支机构等需要购置大额固定资产，必须说明理由，提出申请，报企业总部审批，经批准后方可购置。企业管辖的子公司、分支机构等的资金不得自行用于资本性支出，进行资本性支出，必须经过企业总部审批。

6. 财务机构设置权

企业管辖的子公司、分支机构等的财务机构设置必须报企业总部批准，财务人员由企业总部统一招聘和调整，财务负责人或财务主管人员由企业总部统一委派。企业管辖的子公司、分支机构等的财务部门直接对企业总部负责，在企业总部的统一部署下开展财务工作。

7. 收益分配权

企业内部应统一收益分配制度，企业管辖的子公司、分支机构等应客观、真实、及时地反映其财务状况和经营成果。企业管辖的子公司、分支机构等的收益分配，属于法律、法规明确规定的，按规定分配，剩余部分由企业总部本着长远利益与现实利益相结合的原则，确定分配以及留存的比例。企业管辖的子公司、分支机构等留存的收益，原则上可自行分配，但应报企业总部备案。

（二）分权管理的项目

1. 经营自主权

企业管辖的子公司、分支机构等负责人主持本企业的生产经营管理工作，组织实施年度经营计划，决定生产和销售，研究和考虑市场周围的环境，了解和关注同行业的经营情况和战略措施，按规定时间向企业总部汇报生产经营管理工作的情况。对突发的重大事件，要及时向企业总部汇报。

2. 人员招聘及管理权

企业管辖的子公司、分支机构等的负责人有权任免下属管理人员，有权决定员工的任用情况，企业总部原则上不应干预。但其财务人员的任免应报经企业总部批准或由企业总部统一委派。

3. 业务定价权

企业管辖的子公司、分支机构等所经营的业务均不相同，因此，业务的定价应由各经营部门自行拟订，但必须遵守加速资金流转、保证经营质量、提高经济效益的原则。

4. 费用开支审批权

企业管辖的子公司、分支机构等在经营管理中必然发生各种费用，企业总部没必要进行集中管理，各所属单位在遵守财务制度的原则下，由其负责人批准各种合理的用于企业经营管理的费用开支。

第二节 财务管理的环境

企业在一定的社会经济环境中生存和发展，受所在环境的综合影响，同时，企业属于经济社会的个体，是构成经济社会的重要组成部分。企业的财务活动是经济社会活动中不可缺少的部分，没有企业的财务活动，经济社会就不会完整，更不会持续发展。企业在经济社会中生存和发展，必然会受到各种环境的影响和约束，在这些环境的共同作用下开展生产经营活动，谋求发展；在这些环境的共同作用下，企业的财务活动，必然要遵循一定的原则和规律，否则就会导致企业财务管理的失败，引发财务困境、经营困境，甚至破产。影响企业的环境主要包括经济环境、金融环境、法律环境、技术环境。

一、经济环境

经济环境，是指企业生存和发展所面临的外部经济因素，主要包括宏观经济政策、经济周期、通货膨胀、经济体制和市场发育程度等。经济环境是企业在组织财务活动、处理财务关系时面临的重要环境，会直接或间接地影响企业的财务活动及财务效果。

（一）宏观经济政策

宏观经济政策，是指国家在一定时期内为了达到调控宏观经济效果而制定的一系列经济方面的政策，主要包括产业政策、财政政策、金融政策、税收政策、市场约束政策等。宏观经济政策是国家在一定时期内进行宏观经济调控的重要手段，是调节宏观经济良性运行的法宝。国家制定的宏观经济政策对企业的筹资活动、投资活动、营运活动以及利润分配活动都有重大的影响，例如，积极的财政政策刺激市场，市场需求增加，有利于企业的发展；消极的财政政策压制市场行情，市场需求减少，不利于企业发展；中央银行规定的货币发行量、执行的行业信贷规模等都会影响企业的资本结构、筹资活动和投资活动等；行业价格政策会影响资本的投向、投资回收期和预期收益等。

宏观经济政策代表一定时期国家的经济调控方向和力度，企业顺应国家的经济政策发展，会得到政策的扶持和补贴，促进企业发展；企业违背国家的经济政策开展业务，必然受到政策的调节或制裁，不利于企业发展。因此，企业应当组织财务人员积极研究国家的各项经济政策，把握国家经济政策的走向、对行业的影响，并及时制定应对措施，响应国家的经济政策，争取获得政策扶持。例如，当大多数投资者还没有将注意力转移到国家经济政策上时，如果某个企业及时地领会某项经济政策，把握住投资机会，就会得到国家政策的扶持或享受优惠条件。国家的宏观经济政策是一种风向标，代表国家在一定时期内的工作重点，对企业的影响往往是长期的。

（二）经济周期

在市场经济条件下，经济的发展会呈现出有规律的变化，是不以人的意志为转移的，不管国家采用什么样的调控手段，都不可能完全避免出现过强或过弱的市场波动，例如经济危机。经济周期是一种由繁荣、衰退、萧条、复苏再到繁荣的周期性变化。在西方经济体系中，国民生产总值、企业利润和失业率是衡量经济周期的三个重要指标，这三个指标总体上反映一国或地区所处的经济周期。其中，高国民生产总值、高企业利润和低失业率是一国或地区经济繁荣的标志；国民生产总值和企业利润的不断下降以及失业率的不断提高，表明一国或地区经济发展由繁荣逐渐走向衰退；持续的衰退必然会造成经济的全面萧条；在经济复苏时期，国民生产总值与企业利润逐渐增加，失业率也开始下降并趋于稳定。

经济的周期性波动对企业财务管理有着非常重要的影响。在不同的发展时期，企业的生产规模、销售业绩、获利能力、资本需求以及投资规模等都会出现明显的差异。例如，在经济萧条阶段，由于整个市场经济不景气，企业很可能处于紧缩状态之中，产量和销量大幅度下降，投资锐减；在经济繁荣阶段，市场需求量增大，销售业绩大幅度上升，企业为扩大生产，就要增加投资，增添机器设备、存货和劳动力，这就要求财务人员迅速地筹集所需资金。总之，面对经济的周期性波动，财务人员必须有预见性地估计经济变化情况，适当调整财务策略。在复苏期和繁荣期，应该增加厂房、建立存货、引入新产品、增加劳动力、实行长期租赁，为负债经营提供条件；在衰退期和萧条期，应该停止扩张、出售多余设备、停产不利产品、停止长期采购、削减存货、裁减多余的员工。同时，为了维护基本的财务信誉，应该采用比较稳健的负债经营策略，避免高负债带来的财务风险。经济周期中的财务管理策略如表 2-1 所示。

表 2-1　经济周期中的财务管理策略

经济繁荣	经济衰退	经济萧条	经济复苏
扩充厂房设备； 继续建立存货； 提高产品价格； 开展营销规划； 增加劳动力	停止扩张； 出售多余设备； 停产不利产品； 停止长期采购； 削减存货； 停止扩招雇员	建立投资标准； 保持市场份额； 压缩管理费用； 放弃次要利益； 削减存货； 裁减雇员	增加厂房设备； 实行长期租赁； 建立存货； 开发新产品； 增加劳动力

（三）通货膨胀

通货膨胀，是指一国或地区的货币流通量供大于求，导致市场上物品或劳务的价格持续上涨的现象。自从有了市场经济，通货膨胀就不断地出现在公众的视野，始终伴随着现代经济的发展。通货膨胀是一种经济现象，只要在合理的范围内，对企业影响不大；如果通货膨胀超过一定的幅度，就会对企业产生很大的负面影响，甚至会引发很多企业破产。因为大幅度的通货膨胀会引起资本占用额度的迅速增加，加剧企业对资金的需求量，引发利率的大幅度上升、有价证券价格的不断下降，增加企业的筹资难度和筹资成本。另外，通货膨胀会引发企业虚增利润和资产，造成企业高估资产和收益，引发企业多缴税，最后导致资本流失。企业应当重视通货膨胀，做好相关的准备工作，将通货膨胀引发的损失降到最低限度。一般在通货膨胀初期，货币面临着贬值的风险，这时企业进行投资可以避免贬值风险，实现资本保值；与供应商应签订长期购货合同，以减少物价上涨造成的损失；从债权人处获取长期负债，保持资金成本的稳定；在通货膨胀持续期，企业可以采用比较严格的信用条件，减少企业的应收款项；调整财务政策，防止和减少企业资本流失等。

（四）经济体制

经济体制，是指一国或地区所执行的关于经济运行与管理方面的方针政策，经济体制包括计划经济体制和市场经济体制。目前，我国实行的是市场经济体制。在计划经济体制下，国家统一安排企业资本规模、业务范围，统一投资、共享利润、共担亏损，企业实现利润全部上缴、企业发生亏损全部由国家补贴，企业无须单独筹资、投资、规划产品和服务；当时企业财务管理活动的内容、方法等都非常简单。在市场经济体制下，国家没有统一筹资、投资，由企业自己筹资、投资、规划产品和服务等，执行企业自负盈亏的经济模式；同时企业拥有独立的经营权、筹资权、投资理财权等，企业可以根据自身的实际情况，估算一定时期内资本的需要量，寻求合适的资本来源，筹集所需资本；根据企业的发展战略和经营目标，经过分析研究，将资本投放到可行性强的项目上获取收益；根据企业的具体情况制定合适的利润分配方案，给予企业投资者投资回报。在企业的管理中，财务管理活动的内容、方法等都呈现出多样化，在财务管理上，面临的内外环境更加复杂，对财务人员的素质要求更高。因此，在市场经济体制下，企业应当与时俱进、审时度势、勇于开拓创新，做好财务管理工作。

（五）市场发育程度

不同地区、不同行业的市场发育程度是不同的，在发育程度不同的市场上，所面临的竞争、市场门槛、产品和服务质量等都是不一样的。企业应当根据市场的发育程度，制定科学、合理、有效的财务管理方案，优化资源。企业所处的市场发育程度通常包括以下四种：完全垄断市场、完全竞争市场、不完全竞争市场和寡头垄断市场。不同的市场环境对财务管理有不同的影响，对企业的财务决策也产生重大的影响。如处于完全垄断市场的企业，销售业绩非常好，价格波动不大且高于行业平均水平，利润稳中有升，可以获取垄断利润，经营风险较小，企业可利用较多的债务资本，获得杠杆效应；处于完全竞争市场的企业，竞争非常激烈，销售量不稳定，销售价格完全由市场来决定，利润随价格和销量的波动而波动，经营风险较大，企业不宜过多地采用负债方式去筹集资本，避免陷入债务困境；处于不完全竞争市场和寡头垄断市场的企业，关键是要让企业的产品和服务具有优势、具有特色、具有品牌效应，这就要求在研究与开发上投入大量资本，研制出新的优质产品，并搞好售后服务，给予优惠的信用条件。

二、金融环境

金融环境就是金融市场环境。企业从事生产经营活动，需要开展筹资、投资、营运和利润分配活动，都涉及金融市场。金融市场不仅为企业筹资、投资等活动提供场所，还促进资本的合理流动和资源优化配置，是企业财务管理的直接环境。

（一）金融市场概述

金融市场，是指实现货币借贷与资本融通，办理各种票据和有价证券交易活动的总称，包括广义的金融市场和狭义的金融市场。其中，广义的金融市场泛指一切金融交易，包括金融机构与客户之间、金融机构与金融机构之间、客户与客户之间所有的以资本为交易对象的金融活动；狭义的金融市场是指以票据和有价证券为交易对象的金融活动。本书所讲的金融市场是狭义的金融市场。

金融市场的构成要素主要包括四个。

1. **参与者**

参与者，是指参与金融交易活动的所有单位和个人，凡是参与金融交易活动的单位和个人都属于参与者。金融市场最初的参与者主要是资本不足或资本盈余的单位、个人以及金融中介机构。随着金融市场的不断发展，现代金融市场的参与者几乎扩大到了社会经济生活的各个方面，包括企业、个人、政府机构、中央银行、商业银行、证券公司、保险公司等。按照进入金融市场时的身份不同，可以将金融市场的参与者划分为资本提供者、资本需求者、金融中介机构和管理者。

随着市场经济的不断深入发展，金融市场越来越发达，提供越来越多的金融交易或金融服务。根据市场发展的规律，推动金融交易活动的力量来源于两个方面：

（1）参与者对利润的追求。资本提供者提供资本是为了获取稳定的利息或股利；资本需求者筹措资本，是为了获取超过筹资成本的利润；中介机构提供服务，是为了获取手续费或赚取差价收入。参与者对利润的追求推动着资本的流通。

（2）参与者之间的相互竞争。资本需求者与资本提供者的竞争，可以使资本需求者试图以最小的资金成本取得资本，而资本需求者之间的竞争又使资金成本不会太低；资本提供者与资本需求者的竞争，可以使资本提供者试图以最高的收益转让资本，而资本提供者之间的竞争又使这种收益不会过高。这种参与者之间的互相竞争引导着资本的流向和流量，从而使资本从效益低的部门流向效益高的部门，实现资本的优化配置。

2. 金融工具

金融工具，是指金融市场的交易对象。资本提供者与资本需求者对借贷资本数量、期限和利率的多样化要求，决定了金融市场上金融工具的多样化，而多样化的金融工具不仅满足了资本提供者与资本需求者的不同需要，而且也由此形成了金融市场的细分市场。

3. 组织形式和管理方式

金融市场的组织形式主要有交易所交易和柜台交易两种，交易方式主要有现货交易、期货交易、期权交易、信用交易。金融市场的管理方式主要包括管理机构的日常管理、中央银行的间接管理以及国家的法律管理。

4. 内在调节机制

金融市场交易活动的正常进行还必须有健全的内在调节机制。内在调节机制，是指能够根据市场资本供应情况灵活调节利率高低的体系。在金融市场上，利率是资本商品的"价格"。利率的高低取决于社会平均利润率和资本供求关系，同时利率又会对资本供求和资本流向起到重要的调节和引导作用。当资本供不应求时,利率上升,既加大了资本供应,又减少了资本需求;当资本供过于求时,利率下降,既减少了资本供应,又扩大了资本需求。

因此,利率是金融市场上调节资本供求、引导资本合理流动的主杠杆。

(二)金融市场的种类

金融市场是由许多功能不同的具体市场构成的。金融市场可以按不同的标准进行分类。

1. 按期限分类

金融市场按期限分为短期资本市场和长期资本市场。

(1)短期资本市场又称货币市场,是指融资期限在一年以内的资本市场,包括同业拆借市场、票据市场、大额定期存单市场和短期债券市场。

(2)长期资本市场又称为资本市场,是指融资期限在一年以上的资本市场,包括股票市场和债券市场。

2. 按功能分类

金融市场按功能分为发行市场和流通市场。

(1)发行市场又称为一级市场,它主要处理信用工具的发行与最初购买者之间的交易。

(2)流通市场又称为二级市场,它主要处理现有信用工具所有权转移和变现的交易。

3. 按融资对象分类

金融市场按融资对象分为资本市场、外汇市场和黄金市场。

(1)资本市场以货币和资本为交易对象。

(2)外汇市场以各种外汇信用工具为交易对象。

(3)黄金市场则是集中进行黄金买卖和金币兑换的交易市场。

4. 按地域范围分类

金融市场按地域范围分为地方性金融市场、全国性金融市场和国际性金融市场。

下面详细介绍几种金融市场。

（三）短期资本市场

短期资本市场，是指融资期限在一年以内的资本市场，其主要功能是调节短期资本融通。

短期资本市场主要有同业拆借市场、票据市场、大额定期存单市场和短期债券市场等。

1. 同业拆借市场

同业拆借市场，是指除中央银行之外的金融机构进行同业之间短期性资本的借贷活动。这种交易一般没有固定的交易场所，主要通过电信、网络、移动支付等手段达成交易，期限按日计算，一般不超过1个月。

2. 票据市场

票据市场包括票据承兑市场和票据贴现市场。票据承兑市场是票据流通转让的基础，票据贴现市场是对未到期票据进行贴现，为客户提供短期资本融通。贴现市场包括贴现、再贴现和转贴现三种。其中，贴现是指客户持未到期票据向商业银行或其他金融机构兑取现款以获得资金的融资行为；再贴现是指商业银行将其贴现收进来的未到期票据向中央银行再办理贴现的融资行为；转贴现是指商业银行将贴现收进来的未到期票据向其他商业银行或贴现机构进行贴现的融资行为。贴现、再贴现、转贴现，实质上是债权的转移或资本的买卖，并非形式上的票据转移。

3. 大额定期存单市场

大额定期存单市场，是指买卖银行发行的一种可转让大额定期存单的交易市场。大额定期存单的买卖活动，集中了银行活期存款和定期存款的优点。对银行而言，它是定期存款；对投资者而言，它既有较高的利息收入，又能及时变现，方式灵活，时间不固定，是一种很好的短期投资活动。

4. 短期债券市场

短期债券市场，是指主要买卖一年期以内的短期企业债券和政府债券的交易市场。短期债券的转让可以通过贴现或买卖的方式进行。短期债券以其信誉好、期限短、利率优惠等优点，成为短期资本市场中的重要金融工具之一。

（四）长期资本市场

长期资本市场，是指融资期限在一年以上的资本市场，西方国家一般直接称为资本市场，其主要功能是引导长期资本投资。

1. 长期资本市场上的交易活动

长期资本市场上的交易活动由发行市场和流通市场构成。其中，发行市场，又称为一级市场，其活动围绕着有价证券的发行而展开。参与者主要是发行人和认购人，中介人作为受托人参与活动。有价证券的发行是一项复杂的金融活动，一般要经过以下几个重要环节：

（1）证券种类的选择。对发行人而言，要从适用范围、融资性质、筹资成本、提供的权利等方面选择发行证券的种类；对认购人而言，要从安全性、流动性和营利性等方面选择认购证券的种类。

（2）偿还期限的确定。对债券来说，发行人要依据资本投向、未来利率、发行的难易程度，确定债券的偿还期。

（3）发售方式的选择。发行人要做两种选择：一是选择认购人，以决定是私募还是公募；二是选择销售人，以决定是自销还是代销。

2. 长期资本市场上的交易组织形式

长期资本市场上的交易组织形式主要有证券交易所和柜台交易两种。

（1）证券交易所，是指专门的、有组织的证券集中交易的场所。证券交易所本身不买卖证券，只是为买卖双方提供交易场所和各种服务。

（2）柜台交易，是指通过证券商所设立的专门柜台进行证券买卖，故又称店头市场。投资者可以直接通过柜台进行买卖，也可以委托经纪人代理买卖。在这里交易的证券主要是不具备上市条件或不愿意上市的证券。柜台交易在各证券公司分散进行，是一种松散的市场交易组织形式。我国目前的证券交易主要以交易所交易为主，柜台交易很少。

3. 长期资本市场上的交易方式

长期资本市场上的交易方式包括现货交易、期货交易、期权交易和信用交易四种。

（1）现货交易，是指成交约定 2~3 天内实现钱货两清的交易方式，即卖者交出证券，收回现款；买者交付现款，收到证券。

（2）期货交易，是指证券买卖双方成交以后，按契约中规定的价格、数量，经过一定时期后才进行交割的交易方式。其显著特点是：成交和交割不同步；交割时可以按清算方式相互轧抵，只需交割差额；交易中既有投资者又有投机者。

（3）期权交易，是指买卖双方按约定的价格在约定的时间，就是否买进或卖出证券而达成的契约交易。在这个过程中，交易双方买卖的只是一种权利。

（4）信用交易，是指投资者购买有价证券时只付一部分价款，其余的由经纪人垫付，经纪人从中收取利息。

（五）金融市场对财务管理的影响

金融市场是商品经济和信用形式多样化发展到一定程度的必然产物。金融市场在财务管理中具有重要的作用。

1. 为企业筹资、投资提供场所

金融市场可以为资本所有者提供多种投资渠道和投资方式，也可以为资本需求者提供多种筹资渠道和筹资方式。在实务中，资本所有者在投资时，一般关注投资的安全性、流动性和获利性；而资本需求者在筹资时，一般关注资金成本的高低、资金在数量和时间上的安排。因此，为了满足资本所有者和资本需求者的共同需求，人们提供了一个理想的实用的交易场所，而金融市场上有多种融资形式和金融工具均可供双方选择。资本所有者和资本需求者都能通过金融市场的多样化融资形式和融资工具实现各自的预期目标。

2. 企业资本灵活多样化

金融市场上多样化的金融交易活动频繁交错，形成了一张巨大的交易网。通过融资活动可以实现不同类型的资本之间的相互转换，如长期资本与短期资本的相互转换，不同区域的资本之间相互转换，大额资本与小额资本之间相互转换。在实务中，股票、债券的发行能够将储蓄资本转换为生产资本，将短期资本转换为长期资本，将不同地区的资本转换为某一地区的资本等，通过多种方式的相互转换调节资本供求，促进资本流通。

3. 引导资本流向和流量，提高资本效率

金融市场通过利率的上下波动和人们投资收益的变化，能够引导资本流向，使资本流到最需要的地方，从利润率低的部门流到利润率高的部门，从而实现资本在各地区、各部门、各单位的合理流动，实现社会资源的优化配置。

4. 为企业树立财务形象

金融市场是企业树立财务形象的最好场所。企业有良好的经营业绩和财务状况，股票价格就会稳定增长，这是对企业财务形象最客观的评价。

5. 为财务管理提供有用的信息

企业进行筹资、投资决策时，可以利用金融市场提供的有关信息。从宏观看，股市行情反映了国家的总体经济状况和政策情况，从微观看，反映了企业的经营状况、盈利水平和发展前景，有利于投资者对企业财务状况做出基本评价。此外，利率的变动也反映了资本的供求状况等。

三、法律环境

法律环境，是指法律意识形态及其与之相适应的法律规范、法律制度、法律组织机构、法律设施所形成的有机整体。市场经济是以法律规范和市场规则为特征的经济制度。法律为企业经营活动规定了活动空间，也为企业在相应空间内自主经营管理提供了法律上的保护。

（一）企业组织法规

企业是市场经济的主体，不同组织形式的企业所适用的法律是不同的。根据出资方式和责任形式可将企业划分为个人独资企业、合伙企业和公司制企业。

1. 个人独资企业

个人独资企业，是指由业主个人出资经营、归个人所有和控制、由个人承担经营风险和享有全部经营收益的企业。个人独资企业的出资人既是所有者，也是经营管理者。个人独资企业具有设立和解散容易、经营方式灵活多样、收

益归业主、不具有法律地位、对企业的债务承担无限责任的特点。个人独资企业财务管理的内容十分简单，其资本的投放和回收都由业主自行决定，方便灵活。

（1）个人独资企业具有以下几个方面的优点。

①企业资产所有权、控制权、经营权、收益权高度统一。这有利于保守与企业经营和发展有关的秘密，有利于业主个人创业精神的发扬。

②企业业主自负盈亏和对企业的债务负无限责任成为强硬的预算约束。企业经营的好坏与业主个人的经济利益密切相关，因而，业主会尽心竭力地把企业经营好。

③企业的外部法律法规等对企业的经营管理、决策、进入与退出、设立与破产的制约较小。

（2）个人独资企业具有以下几个方面的缺点。

①筹集资金困难。因为一个人的资金终归有限，以个人名义借贷款难度也较大。因此，独资企业限制了企业的扩展和大规模经营。

②投资者风险较大。业主对企业负无限责任，在强化了企业预算约束的同时，也带来了业主承担风险较大的问题，从而限制了业主向风险较大的部门或领域进行投资的活动。

③企业可持续性差。企业所有权和经营权高度统一的产权结构，虽然使企业拥有充分的自主权，但这也意味着企业是自然人的企业，业主的病、死，他个人及家属知识和能力的缺乏，都可能导致企业破产。

2.合伙企业

合伙企业，是指由两个或两个以上的投资人共同出资成立、共同经营、共负盈亏的企业组织。合伙企业通过合伙协议来明确合伙企业的具体事项，包括合伙企业的存续时间、合伙企业的管理、利益的分配、责任的分担等。合伙协议是合伙企业最具有约束力的文件。合伙企业的合伙人对合伙企业的债务承担无限连带责任。合伙企业具有以下几个方面的特点：

（1）合伙企业期限短。合伙企业比较容易设立和解散。合伙人签订了合伙协议，就宣告合伙企业成立；新合伙人申请加入，旧合伙人的退伙、死亡、自愿清算、破产清算等均可造成原合伙企业的解散以及新合伙企业的成立。因此，合伙企业存续的时间一般比较短。

（2）无限连带责任。合伙企业作为一个整体对债权人承担无限责任。普通合伙人对合伙企业的债务承担无限连带责任。如甲、乙、丙三人成立的合伙企业破产时，当甲、乙已无个人资产抵偿企业所欠债务时，虽然丙已依据合约还清了应分摊的债务，但仍有义务用其个人财产为甲、乙两人付清所欠的应分摊的合伙债务，当然此时丙对甲、乙拥有财产追索权。

（3）相互委托、相互代理。合伙企业的生产经营活动，由合伙人共同决定，合伙人有执行和监督的权利。合伙人可以推举负责人。合伙企业的负责人和其他人员的经营活动，由全体合伙人共同承担民事责任。

（4）财产共有。合伙人投入的财产，由合伙人统一管理和使用，不经其他合伙人同意，任何一个合伙人不得将合伙财产移为他用。

（5）利益共享。合伙企业在生产经营活动中形成的资产，归合伙人共有。如有亏损，则由合伙人共同承担。损益分配的比例，应在合伙协议中明确规定；未经规定的，可按合伙人出资比例分摊或平均分摊。

3. 公司制企业

公司，是指由两个或两个以上的股东出资设立的，以营利为目的的企业法人组织。公司的设立必须符合《中华人民共和国公司法》的有关规定，公司的每个股东以其认缴的出资额或认购的股份对公司承担有限责任，公司以其全部资产对其债务承担有限责任。我国的公司制企业主要包括有限责任公司和股份有限公司。

（1）有限责任公司的特点是：公司资本不分为等额份额；公司向股东签发出资证明书而不发行股票；公司股份的转让有严格的限制；股东人数受到限制；股东以其出资额比例，享受权利，承担义务。

（2）股份有限公司的特点是：公司资本平均分为金额相等的份额；经批准后，其股票可以向社会公开发行，股票可以交易或转让；股东人数没有上限限制；股东按其持有的股份享受权利，承担义务；股份有限公司要定期公布经注册会计师审查验证的财务报告。

（二）税收法规

税法是税收法律制度的总称，是调整税收征纳关系的法律规范。税收既有调节社会总供给与总需求、经济结构，维护国家主权和利益等宏观经济作用，又有保护企业经济实体地位、促进公平竞争、改善经营管理和提高经济效益等微观作用。税收对企业的经营活动具有重要的影响，对财务管理的影响尤其明显。

税收对财务管理的影响具体表现为以下几点。

1. 影响企业融资决策

按照我国现行所得税制度，企业借款利息不高于金融机构同类同期贷款利息的部分，可在所得税前予以扣除，从而减少企业的应纳税所得额。其他融资方式则无此优势，如发行股票筹集的资本，股利支出不得抵扣所得税。

2. 影响企业投资决策

企业的投资活动，包括对外投资、对内投资和企业设立分公司、子公司的投资。企业投资成立的具体公司形式不同、规模不同、投资行业不同、投资区域不同等，使得企业会面临不同的税收政策。

（1）对企业设立的地点和行业的影响。在我国现行的企业所得税制度中，均规定了对于投资于特定地区（如经济特区、技术经济开发区、老少边穷地区等）和特定行业（如高新技术产业、第三产业、"三废"综合治理企业等）以及劳动就业服务、福利生产企业等的优惠政策，在企业设立之初可以考虑依照国家政策导向，获得税收优惠。

（2）对企业兼营业务的影响。按照我国现行增值税制度规定，增值税纳税人兼营不同税率的货物或应税劳务，应分别核算，未分别核算的，从高适用税率。因此，企业必须建立健全财务管理制度，分别核算不同增值税率的货物和不同税种的销售额。

（3）对企业分支机构设立形式的影响。分公司不具有独立法人资格，所得税与总公司合并缴纳；而子公司因为具有独立的法人资格，其各项税收的计算、缴纳均独立于母公司，并可单独享受税收优惠。如果预计分支机构效益为负，则应设立分公司，以其亏损抵减总公司的应税所得额。

3. 影响企业现金流量

税收具有强制性、无偿性和固定性三个特征，企业向税务机关纳税是其应尽的义务，并且要按税法的有关规定及时上缴。缴纳税费必然增加企业现金流出量，这就要求企业在进行财务管理时做好税收筹划，合理地筹集所需要的资金，保证资金供给充足，通过合理地筹划税收，调整纳税时间，延缓纳税，可减少现金流量过度集中流出，降低企业的财务负担。

4. 影响企业利润

税收体现着国家与企业对利润的分配关系。税率的变动与利润的变动呈反比关系，在一定时期内企业承担的税负增加，则利润必然减少。税率的变更对利润有直接影响，税率的上升或下降会使企业利润减少或增加。因此，财务人员应当加强研究，充分掌握企业面临的各项税费，对税率变动带来的影响做好预测和准备。

5. 影响企业利润分配

公司制企业的股利分配政策不仅影响股东的个人所得，而且影响公司的现金流量，股东获得的现金股利需缴纳个人所得税，如果公司将盈利留在企业作为内部留存收益，股东可以不缴纳个人所得税，减少股东的税负，股利留存在企业，通过后续股价上涨可获得资本利得，从而实现合理避税的目标。

（三）财务法规

企业财务法规制度是规范企业财务活动、调整企业财务关系的行为准则。企业财务法规有利于规范企业的生产经营活动。

我国现行的企业财务管理法规制度，包括以下三个层次。

1. 企业财务通则

企业财务通则（以下简称财务通则）是指在我国境内设立的各类企业在财务活动中必须遵循的基本原则和规范，是财务规范体系中的基本法规，在财务法规制度体系中起着主导作用。财务通则的制定与实施是我国市场经济发展的需要，也是我国财务制度与国际通行财务制度相衔接的需要。

企业财务通则是制定行业财务制度和企业内部财务制度的根据。各行业财务制度和企业内部财务制度都是在企业财务通则确定的共同原则与规范的基础上，结合行业与企业特点而制定的，从而保证了财务制度的科学性和逻辑性。

2. 行业财务制度

行业财务制度，是指根据财务通则的规定和要求，结合行业的实际情况，充分体现行业的特点和管理要求而制定的财务制度。行业财务制度是财务通则的原则规定与各行业财务活动的特点相结合的产物，它在整个财务法规制度体系中起着基础作用。

行业财务制度是以行业的划分为标准的。根据我国实际情况，国民经济行业可划分为工业、运输、邮电、流通、服务、金融、建筑、农业、对外经济合作九个行业，行业财务制度也分别按这九个行业制定。由于财务通则的制定权在财政部，因此行业财务制度也应由财政部制定，以便于保持财务通则与行业财务制度的一致性。

3. 企业内部财务制度

企业内部财务制度是由企业管理当局制定的用来规范企业内部财务行为、处理企业内部财务关系的具体规则，它在财务法规制度体系中起着补充作用。

企业内部财务制度的制定应符合以下原则：

（1）符合企业财务通则和行业财务制度的原则和规定；
（2）体现本企业的生产技术和经营管理的特点；
（3）考虑企业内部财务管理体制的方式和内容。

四、技术环境

技术环境，是指财务管理得以实现的技术手段和技术条件，它决定着财务管理的效率和效果。目前，我国进行财务管理所依据的会计信息是通过会计系统提供的，占企业经济信息总量的70%~80%。在企业内部，会计信息主要是提供给管理层决策使用的，而在企业外部，会计信息则主要是为企业的投资者、债权人等提供服务的。

目前，我国正全面推进会计信息化工作，力争通过5~10年的努力，建立健全会计信息化法规体系和会计信息化标准体系，全力打造会计信息化人才队伍，基本实现大型企事业单位会计信息化与经营管理信息化的融合，进一步提升企事业单位的管理水平和风险防范能力，做到数出一门、资源共享，便于不同信息使用者获取、分析和利用，进行投资和相关决策；基本实现大型会计师事务所采用信息化手段对客户的财务报告和内部控制进行审计的目标，进一步提升审计质量和效率；基本实现政府会计管理和会计监督的信息化，进一步提升会计管理水平和监管效能。通过全面推进会计信息化工作，使我国的会计信息化达到或接近世界先进水平。我国企业会计信息化的全面推进，必将促使企业财务管理的技术环境进一步完善和优化。

随着"互联网+财务"的模式、人工智能的不断深入发展，财务管理应用的计算平台不断更新，财务管理的手段和效果得到前所未有的提高，将财务管理人员从烦琐的数据中解放出来，以便他们将精力投入内部管理以及企业财务战略上。

第三章　筹资管理

筹资管理的作用是能够使公司扩大生产经营规模、提高经济效益，使投资项目达到预期效益，增强公司的获利水平和偿债能力；它可促进公司经济的发展，加强公司生产经营管理，提高公司的管理科学水平，实现最高的经济效益和社会效益。在公司筹资过程中，公司拓宽投资渠道事前要进行一定的财务分析及市场调研，以提高企业经济利益为基础，监督经济活动的正确性、合理性、合法性和有效性。加强资金筹集管理，合理选择筹资方式，对公司规范管理，防范风险，优化资本结构，力求降低资金成本，合理控制财务风险。公司在筹集资金时，要考虑到筹资方式的选择和财务风险的影响以便选择最佳筹资方式，实现财务管理的总体目标，达到扩大公司的生产规模、提高经济效益的目的。因此，做好公司的筹资管理尤为重要。

第一节　筹资管理概述

单位筹资是指单位为了满足其经营活动、投资活动、资本结构调整等需要，运用一定的筹资方式，筹措和获取所需资金的一种行为。

一、筹资的分类

（一）根据所取得资金的权益特性

根据所取得资金的权益特性可将筹资分为股权筹资、债务筹资和其他方式筹资形成股权资本。

单位的股权资本通过吸收直接投资、发行股票、内部积累等方式取得。股权资本一般不用还本，由此形成了单位的永久性资本，因而财务风险小，但付出的资本成本相对较高。

债务筹资是单位通过借款、发行债券、融资租赁以及赊购商品或服务等方式取得的资金，形成在规定期限内需要清偿的债务。由于债务筹资到期要归还本金和支付利息，对单位的经营状况不承担责任，因而存在较大的财务风险，但付出的资本相对较低。

其他方式筹资是指除上述两种融资方式以外的融资，如上市公司目前最常使用的混合融资是可转换债券融资。随着资本市场的进一步发展，各种形式、更为复杂的融资方式都可以成为经营者的选择。

（二）根据融资是否借助媒介

根据融资是否借助媒介可将筹资分为直接筹资和间接筹资。

直接筹资是单位直接与资金供应者协商融通资本的一种筹资活动。直接筹资方式主要有吸收直接投资、发行股票、发行债券等。

间接筹资是单位借助银行等金融机构融通资本的筹资活动。间接筹资的基本方式是向银行借款，还有融资租赁等。

（三）根据资金的来源渠道

根据资金的来源渠道可将筹资分为内部筹资和外部筹资。

内部筹资是指单位通过利润留存而形成的筹资来源。这种筹资方式一般无筹资费用，但存在机会成本。

外部筹资是指向单位外部筹措资金而形成的筹资来源。

（四）根据资金的使用期限

根据资金的使用期限可将筹资分为长期筹资和短期筹资。

长期筹资是指单位筹集使用期限在一年以上的资金筹集活动。

短期筹资是指单位筹集使用期限在一年以内的资金筹集活动。

二、筹资管理的原则

筹资管理必须在一定的原则指导下进行。筹资管理的原则表现在以下五个方面。

（一）筹措合法原则

单位的筹资必须遵循国家法律、法规要求。

（二）规模适当原则

单位要分析生产经营情况，正确预测和筹集适当的资金需要量。

（三）筹措及时原则

单位要合理安排筹资时间，适时取得所需资金。

（四）经济节约原则

单位要全面了解各种筹资渠道，选择最为经济的资金来源。

（五）结构合理原则

单位要研究各种筹资方式，以优化资本结构。

第二节　长期负债筹资

长期负债筹资是指归还期在一年以上的负债筹资，主要包括长期借款、债券发行和股权资本筹资三种形式。

一、长期借款

长期借款是指单位向银行或其他非银行金融机构借入的、使用期超过一年的借款，其主要用于购建固定资产和满足长期流动资金占用需要。

（一）长期借款的种类

（1）我国银行的长期借款按照用途，可分为固定资产投资借款、更新改造借款、技术改造借款、基建借款、网点设施借款、科技开发和新产品试制借款等。

（2）按提供贷款的机构，长期借款可分为政策性银行贷款、商业银行贷款、保险公司贷款等。

政策性银行贷款一般指执行国家政策性贷款业务的银行向单位发放的贷款。商业银行贷款是指由各商业银行向单位提供的贷款。保险公司贷款是由保险公司向单位提供的贷款，其期限一般比银行贷款长，但利率较高，对贷款对象的选择也较严格。此外，单位还可以从信托投资公司取得实物或货币形式的信托投资贷款，从财务公司取得各种中长期贷款，等等。

（3）按有无担保，长期借款分为信用贷款和抵押贷款。

（二）取得长期借款的条件

单位申请贷款一般应具备以下条件：

（1）独立核算，自负盈亏，有法人资格。

（2）经营方向和业务范围符合国家产业政策，借款用途属于银行贷款办法规定的范围。

（3）借款单位具有一定的物资和财产保证，担保单位具有相应的经济实力。

（4）具有偿还贷款的能力。

（5）财务管理和经济核算制度健全，资金使用效益及单位经济效益良好。

（6）在银行设有账户，办理结算。

（三）银行借款的程序

单位向银行办理长期借款的程序如下：

（1）单位提出申请。

（2）银行审查。

（3）签订借款合同。单位的借款申请在银行审查批准后，应与银行签订借款合同。借款合同内容包括贷款种类、贷款用途、金额、利率、还款方式、还款期限以及违约责任等事项。

（4）单位取得借款。

（四）长期借款的保护性条款

由于长期借款的期限长、风险大，按照国际惯例，银行通常对借款单位提出一些有助于保证贷款按时足额偿还的条件。

保护性条款大致有以下三类。

1. 一般性保护条款

一般性保护条款主要包括：对借款单位流动资金保持量的规定；对支付现金股利和回购股票的限制；对资本支出规模的限制；限制其他长期债务。

2. 例行性保护条款

例行性保护条款主要包括：借款单位定期向银行提交财务报表；不准在正常情况下出售较多资产；如期清偿应缴纳的税金和其他到期债务；不准以任何资产作为其他承诺的担保或抵押；不准贴现应收票据或出售应收账款；限制租赁固定资产的规模。

3. 特殊性保护条款

特殊性保护条款主要包括：贷款专款专用；不准单位投资短期内不能收回资金的项目；限制单位高级职员的薪金和奖金总额；要求单位主要领导人在合同有效期间担任领导职务；要求单位主要领导人购买人身保险；等等。

（五）长期借款的成本

一般情况下，长期借款的利率要高于短期借款的利率。长期借款的利率分为固定利率、变动利率和浮动利率三种。

1. 固定利率

固定利率是以与借款单位风险类似的单位发行债券的利率作为参考，由借贷双方商定的利率。固定利率一经确定，不得随意变更。

2. 变动利率

变动利率是指由借贷双方协商，规定在长期借款的期限内利率可以定期（每半年或一年）根据金融市场的行情调整一次。调整后的贷款余额按新利率计息。

3. 浮动利率

浮动利率是指借贷双方协商同意按资金市场的变动情况随时调整的利率。浮动利率通常有最高、最低限，并在借款合同中加以明确。对于借款单位来讲，若预测市场利率将上升，应与银行签订固定利率合同；反之，则应签订浮动利率合同。

除了利息之外，银行还会向借款单位收取其他费用，如实行周转信贷协定所收取的承诺费、要求借款单位在本银行中保持补偿性余额 [银行要求借款人在银行中保持按贷款限额或实际借用额一定百分比（一般为10%~20%）计算的最低存款余额] 等所形成的间接费用。这些费用会增加长期借款的成本。

（六）长期借款的偿还方式

长期借款的偿还方式主要包括以下四个方面：

（1）到期一次还本付息的方式。

（2）定期支付利息，到期一次性偿还本金的方式。

（3）定期等额偿还方式。

（4）定期偿还小额本金和利息，期末偿还余下的大额部分的方式。

（七）长期借款筹资的优缺点

与其他长期负债筹资相比，长期借款筹资的优点如下：

（1）筹资速度快。

（2）借款弹性较大。

（3）借款成本较低。

但长期借款筹资也存在以下缺点：

（1）限制性条款比较多。

（2）财务风险高。

（3）筹资额有限。

二、债券发行

债券发行是发行人以借贷资金为目的，依照法律规定的程序向投资人要约发行代表一定债权和兑付条件的债券的法律行为。债券发行是证券发行的重要形式之一，是以债券形式筹措资金的行为过程。通过这一过程，发行者以最终债务人的身份将债券转移到它的最初投资者手中。

（一）债券发行的条件

债券发行的条件是指债券发行者发行债券筹集资金时所必须考虑的有关因素，具体包括发行额、面值、期限、偿还方式、票面利率、付息方式、发行价格、发行费用、有无担保等。由于公司债券通常是以发行条件进行分类的，因此确定发行条件的同时也就确定了所发行债券的种类。

债券发行需要具备以下条件：

（1）债券的发行者在发行前必须按照规定向债券管理部门提交申请书。

（2）政府债券的发行必须经过国家预算审查批准机关的批准。

（3）发行者在申请书中所申明的各项条款和规定，就是债券的发行条件。其主要内容有拟发行债券的数量、发行价格、偿还期限、票面利率、利息支付方式、有无担保等。

（4）债券的发行条件决定着债券的收益性、流动性和安全性，直接影响着发行者筹资成本的高低和投资者投资收益的多寡。对投资者来说，最为重要的发行条件是债券的票面利率、偿还期限和发行价格，因为它们决定着债券的投资价值，所以被称为债券发行的三大基本条件。而对发行者来说，除上述条件外，债券的发行数量也很重要，因为它直接影响着筹资规模。如果发行数量过多，就会造成销售困难，甚至影响发行者的信誉以及日后债券的转让价格。

（二）债券的发行方式

按照发行对象，债券可分为私募发行和公募发行两种方式。私募发行是指面向少数特定的投资者发行债券，一般以少数关系密切的单位和个人为发行对象，不对所有投资者公开出售。具体发行对象有两类：一类是机构投资者，如大的金融机构或与发行者有密切业务往来的单位等；另一类是个人投资者，如发行单位自己的职工或使用发行单位产品的用户等。私募发行一般采取直接销售的方式，不经过证券发行中介机构，不必向证券管理机关办理发行注册手续，可以节省承销费用和注册费用，手续比较简便。但是私募债券不能公开上市，流动性差，利率比公募债券高，发行数额一般不大。

公募发行是指公开向广泛不特定的投资者发行债券。公募债券发行者必须向证券管理机关办理发行注册手续。由于发行数额一般较大，通常要委托证券公司等中介机构承销。公募债券信用度高，可以上市转让，因而发行利率一般比私募债券利率低。公募债券采取间接销售的方式，具体又可分为以下三种方式。

1. 代销

发行者和承销者签订协议，由承销者代为向社会销售债券。承销者按规定的发行条件尽力推销，如果在约定期限内未能按照原定发行数额全部销售出去，债券剩余部分可退还给发行者，承销者不承担发行风险。采用代销的方式发行债券，手续费一般较低。

2. 余额包销

承销者按照规定的发行数额和发行条件代为在约定期限内向社会推销债券。如果到期有剩余，由承销者负责认购。采用这种方式销售债券，承销者承担部分发行风险，能够保证发行者筹资计划的实现，但承销费用高于代销费用。

3. 全额包销

首先由承销者按照约定条件将债券全部承购下来，并且立即向发行者支付全部债券价款，然后再由承销者向投资者分次推销。采用全额包销的方式销售债券，承销者承担了全部发行风险，可以保证发行者及时筹集到所需要的资金，因而包销费用也较余额包销费用高。西方国家以公募方式发行的国家债券一般采取招标投标的办法进行投标，可分为竞争性投标和非竞争性投标。

竞争性投标是先由投资者（大多是投资银行和大证券商）主动投标，然后由政府按照投资者自报的价格和利率，或是从高价开始，或是从低价开始，依次确定中标者名单和配额，直到完成预定发行额为止。非竞争性投标是政府预先规定债券的发行利率和价格，由投资者申请购买数量，政府按照投资者认购的时间顺序确定他们各自的认购数额，直到完成预定发行额为止。

按照债券的实际发行价格和票面价格的异同，债券的发行可分为平价发行、溢价发行和折价发行。

平价发行是指债券的发行价格和票面额相等，因而发行收入的数额和将来还本数额也相等。但平价发行的前提条件是债券发行利率和市场利率相同，这种情况在西方国家较为少见。

溢价发行是指债券的发行价格高于票面额，以后偿还本金时仍按票面额偿还。只有在债券票面利率高于市场利率的条件下才能采用这种方式发行。

折价发行是指债券的发行价格低于票面额，而偿还时却要按票面额偿还本金。折价发行是因为规定的票面利率低于市场利率。

在我国，一般情况下单位债券发行须经中国人民银行批准，重点单位债券和国家债券发行须经国务院批准。通常单位债券采取自办发行或者委托有关金融机构代办发行的方式，国有重点单位债券和国家债券采取银行代理发行的，由国家承担发行风险。国家债券采取分配认购的方式，或者向单位分配认购任务，或由个人自愿认购。单位债券和金融债券一般采用自愿认购的方式。除贴现金融债券和单位短期融资券的一部分采取折价发行方式外，其他各种债券均采取平价发行的方式。

三、股权资本筹资

股权资本筹资主要分为吸收直接投资和发行股票筹资两种方式。

（一）吸收直接投资

吸收直接投资是指非股份制单位以协议等形式，吸收国家、其他单位、个人和外商的直接投入资本，形成单位资本金的一种筹资方式。吸收直接投资具有以下优点：

（1）吸收直接投资属于股权筹资，能提高单位的资信和负债能力。

（2）吸收直接投资不仅能筹集到现金，还能直接获得先进设备、技术和材料，甚至是专有技术，能尽快形成生产经营能力。

（3）吸收直接投资的财务风险较低。

吸收直接投资有以下缺点：

（1）筹资成本较高。

（2）非货币资产估价较难，产权关系有时不清，也不便于产权交易。

（二）发行股票筹资

股票是股份公司为筹集股权资本而发行的表示股东按其持有的股份享有权益并承担义务的可转让的书面凭证。

发行股票筹资主要具有以下优点：

（1）可以形成稳定而长期占用的资本，有利于增强公司的实力，为债务筹资提供基础。

（2）资本使用风险小，股本不存在固定到期日，也不存在固定股利支付义务和支付风险。

（3）数额较大。

发行股票筹资有以下缺点：

（1）筹资成本高。

（2）新股发行会稀释原有的股权结构，从而直接影响或削弱原股东对单位的控制权。

（3）股票发行过量会直接导致每股收益下降，从而不利于股价上扬。

第三节　短期负债筹资

短期负债筹资是指为满足企业临时性流动资金需要而进行的筹资活动。最主要的形式是商业信用和短期借款。

一、商业信用

商业信用是指在商品交易中由于延期付款或预收货款所形成的单位间的借

贷关系。商业信用来源于单位间的商品交换，主要表现形式有应付账款、应付票据、预收账款等。

（一）应付账款

应付账款是单位购买货物暂未付款而欠对方的账项，即卖方允许买方在购货后一定时期内支付货款的一种形式，卖方利用这种方式进行促销。而对买方来说，延期付款则等于向卖方借用资金购进商品，可以满足短期的资金需要。

应付账款包含付款期、折扣等信用条件。

应付账款的信用可以分为：免费信用，即买方单位在规定的折扣期内享受折扣而获得的信用；有代价信用，即买方单位放弃折扣付出代价而获得的信用；展期信用，即买方单位超过规定的信用期推迟付款而强制获得的信用。

1. 应付账款的成本

倘若买方单位购买货物后在卖方规定的折扣期内付款，便可以享受免费信用，这种情况下单位没有因为享受信用而付出代价。

[相关案例]

DCA公司按2/10、n/30的条件购入10万元货物。如果该单位在10天内付款，便享受10天的免费信用期，并获得折扣0.2万元（10×2%），免费信用额为9.8万元（10－0.2）。

倘若买方单位放弃折扣，在10天后（不超过30天）付款，该单位便要承受因放弃折扣而造成的隐含利息成本。

一般而言，放弃现金折扣的成本可由下式求得：

放弃现金折扣成本=[折扣百分比/（1－折扣百分比）]×360/（信用期－折扣期）

运用上式，该单位放弃折扣所负担的成本为

[2%/（1－2%）]×360/（30－10）=36.7%

上述公式表明，放弃现金折扣的成本与折扣百分比的大小、折扣期的长短呈同方向变化，与信用期的长短呈反方向变化。可见，如果买方单位放弃折扣而获得信用，其代价是较高的。然而，单位在放弃折扣的情况下，推迟付款的时间越长，其成本便越小。比如，如果单位延至50天付款，其成本则为

[2%/（1−2%）]×360/（50−10）=18.4%

2. 利用现金折扣的决策

在附有信用条件的情况下，因为获得不同信用要负担不同的代价，买方单位便要在利用哪种信用之间做出决策。一般来说，如果能以低于放弃折扣的隐含利息成本（实质是一种机会成本）的利率借入资金，便应在现金折扣期内用借入的资金支付货款，享受现金折扣。

比如，与上例同期的银行短期借款年利率为12%，则买方单位应利用更便宜的银行借款在折扣期内偿还应付账款；反之，单位应放弃折扣。

如果在折扣期内将应付账款用于短期投资，所得的投资收益率高于放弃折扣的隐含利息成本，则应放弃折扣而去追求更高的收益。当然，即使单位放弃折扣优惠，也应将付款日推迟至信用期内的最后一天（如上例中的第30天），以降低放弃折扣的成本。

如果单位因缺乏资金而欲展延付款期（如上例中将付款日推迟到第50天），则需在降低了的放弃折扣成本与展延付款带来的损失之间做出选择。展延付款带来的损失主要是指因单位信誉恶化而丧失供应商乃至其他贷款人的信用，或日后招致苛刻的信用条件。

对于两家以上提供不同信用条件的卖方，应通过衡量放弃折扣成本的大小选择信用成本最小（或所获利益最大）的一家。

（二）应付票据

应付票据是单位进行延期付款商品交易时开具的反映债权债务关系的票据。根据承兑人的不同，应付票据分为商业承兑汇票和银行承兑汇票两种，支付期最长不超过6个月。应付票据可以带息，也可以不带息。应付票据的利率一般比银行的借款利率低，且不用保持相应的补偿性余额和支付相关借款费用，所以应付票据的筹资成本低于银行借款成本。但是应付票据到期必须归还，如若延期便要交付罚金，因而风险较大。

（三）预收账款

预收账款是卖方单位在交付货物之前向买方预先收取部分或全部货款的信

用形式。对于卖方来讲,预收账款相当于向买方借用资金后用货物抵偿。预收账款一般用于生产周期长、资金需要量大的货物销售。

此外,单位往往还存在一些在非商品交易中产生,但亦为自发性筹资的应付费用,如应付职工薪酬、应交税费、其他应付款等。应付费用是单位受益在前、费用支付在后,相当于享用了收款方的借款,一定程度上缓解了单位的资金需要。应付费用的期限具有强制性,不能由单位自由斟酌使用,但通常不需花费代价。

商业信用筹资最大的优势在于容易取得。首先,对于多数单位来说,商业信用是一种持续性的信用形式,且无须正式办理筹资手续。其次,如果没有现金折扣或使用不带息票据,商业信用筹资不负担成本。

商业信用筹资缺陷是期限较短,在放弃现金折扣时所付出的成本较高。

二、短期借款

短期借款是指单位向银行或其他非银行金融机构借入的期限在一年以内的借款。

(一)短期借款的种类

我国目前的短期借款按照目的和用途分,主要有生产周转借款、临时借款、结算借款等。按照国际通行做法,短期借款还可依偿还方式的不同,分为一次性偿还借款和分期偿还借款;依利息支付方法的不同,分为收款法借款、贴现法借款和加息法借款;依有无担保,分为抵押借款和信用借款,等等。

单位在申请借款时,应根据各种借款的条件和自身的需要加以选择。

(二)借款的取得

单位举借短期借款,首先必须提出申请,经审查同意后借贷双方签订借款合同,注明借款的用途、金额、利率、期限、还款方式、违约责任等;然后单位根据借款合同办理借款手续;借款手续履行完毕,单位便可取得借款。

(三)借款的信用条件

按照国际通行做法,银行发放短期借款往往带有一些信用条件,主要有以下几个方面。

1. 信贷限额

信贷限额是银行对借款人规定的无担保贷款的最高额。信贷限额的有效期限通常为一年，但根据情况也可延期一年。一般来讲，单位在批准的信贷限额内可随时使用银行借款。但是，银行并不承担必须提供全部信贷限额的义务。如果单位信誉恶化，即使银行曾同意过按信贷限额提供贷款，单位也可能得不到借款。这时，银行不会承担法律责任。

2. 周转信贷协定

周转信贷协定是银行根据某种法律义务承诺提供不超过某一最高限额的贷款协定。在协定的有效期内，只要单位的借款总额未超过最高限额，银行必须满足单位任何时候提出的借款要求。单位享用周转信贷协定，通常要就贷款限额的未使用部分付给银行一笔承诺费。

［相关案例］

某单位周转信贷额为1 000万元，承诺费率为0.5%，借款单位年度内使用了600万元，余额400万元，借款单位该年度就要向银行支付承诺费2万元（400×0.5%）。这是银行向单位提供此项贷款的一种附加条件。

周转信贷协定的有效期通常超过一年，但实际上贷款每几个月发放一次，所以这种信贷具有短期和长期借款的双重特点。

3. 补偿性余额

补偿性余额是银行要求借款单位在银行中保持按贷款限额或实际借用额一定百分比（一般为10%~20%）的最低存款余额。从银行的角度来讲，补偿性余额可降低贷款风险，补偿遭受的贷款损失。对于借款单位来讲，补偿性余额则提高了借款的实际利率。

［相关案例］

某单位按年利率8%向银行借款10万元，银行要求维持贷款限额15%的补偿性余额，那么该单位实际可用的借款只有8.5万元。该项借款的实际利率则为9.4%（10×8%/8.5×100%）。

第四节　筹资决策

筹资决策是指为满足单位融资的需要，对筹资的途径、数量、时间、成本、筹资风险和筹资方案进行评价和选择，从而确定一个最优资金结构的分析判断过程。筹资决策的核心就是通过多种渠道和多种方式，筹集到最经济、资金成本最低的资金。其基本思想是实现资金来源的最佳结构，即使单位平均资金成本率达到最低限度时的资金来源结构。筹资决策是单位财务管理相对于投资决策的另一重要决策。

单位的财务管理工作，特别是筹资决策，起着连接金融市场和实业投资市场的桥梁的作用。投资决策与筹资决策密不可分，投资决策一旦做出，财务人员必须进行筹资决策，为单位投资筹措所需要的资金。

筹资决策所影响和改变的是单位的财务结构或资本结构。筹资的目的是投资，筹资策略必须以投资策略为依据，充分反映单位投资的要求。

一般而言，单位的资金来源有三条途径，即短期负债筹资、长期负债筹资与股权资本筹资。其中具有长期影响且有战略意义的筹资决策通常是指长期负债筹资决策与股权资本筹资决策，又被称为资本结构决策。单位所采取的股利政策决定了单位自留资金的多少，在很大程度上也决定了单位筹资决策的制度。

单位在筹资、投资和生产经营活动各环节中无不承担着一定程度的风险。单位因借入资金而产生的丧失偿债能力的可能性和单位利润的可变性，便形成了财务上的筹资风险。

一、筹资决策的目标

（1）获得单位运行和发展所需的资金。单位必须筹集到足够的资金才能生存和发展，对于企业来讲，才有经营收入和利润。

（2）筹资成本尽可能低。不仅要保证能筹集到资金，而且要使所花费的筹资成本尽可能低。

（3）筹资风险尽可能低，即还债的期限要尽可能分散，不会因为还债期限过于集中而导致单位发生债务危机。

二、筹资决策的基本方法

筹资决策的基本方法有以下三种：

（1）比较筹资代价法。它包括比较筹资成本代价、比较筹资条件代价、比较筹资时间代价等。

（2）比较筹资机会法。它包括比较筹资的实施机会、比较筹资的风险程度。

（3）比较筹资的收益与代价法。比较筹资的收益和筹资的代价，如果筹资项目的预期经济效益大于筹资成本，则筹资方案可行。

三、筹资决策的程序要求

筹资决策的程序要求主要有以下几点：

（1）明确投资需要，制订筹资计划。

（2）分析寻找筹资渠道，明确可筹资金的来源。

（3）计算各个筹资渠道的筹资成本费用，即计算筹资费用率——每1万元资金所需筹资成本。银行贷款的筹资成本主要是利息和贷款相关费用；股票筹资主要是股票发行费用；供货商和经销商信贷（供货款占用和预付款占用）主要是谈判费用，这种信贷一般是无息的；使用单位利润进行融资主要是投资机会成本。

（4）分析单位现有负债结构，明确还债风险时期。

（5）分析单位未来现金净流量，明确未来不同时期的还债能力。

（6）对照计算还债风险时期，在优化负债机构的基础上选择安排新负债。

（7）权衡还债风险和筹资成本，拟定筹资方案。

（8）选择筹资方案，在还债风险可承担的限度内尽可能地选择筹资成本低的筹资渠道以取得资金。

第五节　民政事业资金的筹措

一、民政事业资金的来源

目前，民政事业资金的来源主要有以下四个方面。

1. 政府拨款

由于民政事业的主要任务是保障民生，因此，政府拨款就成了民政事业资金来源的主渠道。2008年民政事业费支出1 712.3亿元（不含部本级业务工作经费和各级民政部门基建经费），比2007年增长62.6%。其中，抚恤事业费支出224.4亿元；救灾支出303.8亿元；城市最低生活保障支出385.2亿元；农村最低生活保障支出222.3亿元，农村传统救济支出7.2亿元，农村五保供养支出76.7亿元；城市医疗救助支出23.5亿元，农村医疗救助支出35.8亿元；社会福利费支出35.3亿元。实践中，民政事业费支出主要来自政府财政拨款。

2. 各级民政事业单位的生产经营收入

基于各级民政事业单位所提供的服务，按照有关部门核定的收费标准，部分社会福利事业单位采取收费方式和有条件开展其他经营活动来筹集部分资金，以弥补资金的不足或借此扩大民政事业的规模。

3. 动员社会力量捐赠

各级民政部门通过组织经常性的社会捐助活动，民间的慈善捐助活动和各种义演、义卖活动募捐资金，以及国外给予的救灾捐赠和援助资金等。

4. 发行销售福利彩票所筹集的福利彩票公益金

社会福利奖券销售形成的社会福利公益金也属于支持民政事业发展资金的重要来源。

上述四个方面的资金供给保证了我国民政事业不断向前发展，也保证了我国一部分民众最基本的民生需要。

二、民政事业资金的筹集思路

尽管我国民政事业的发展有了最基本的资金保证,但与民政事业的快速发展相比,民政事业经费的保障力度仍然不够,民政事业急需扩大资金投入。结合我国民政事业的发展状况,考察国际上流行的先进做法,民政事业资金的筹集可以采取以下方法。

(一)改革民政事业预算科目体系,加大民政事业的财政投入

在目前的财政预算科目中,民政事业经费支出主要体现在"抚恤和社会救济"类,这远远不能反映民政事业的全部内涵,跟不上民政事业的发展。因此,必须加快建立公共财政框架体系步伐,在预算安排和支出结构调整中优化财政支出结构,把社会救助、自然灾害救济、优抚安置所需资金作为必保项目优先安排,重组民政事业预算科目体系,全面反映民政事业内涵,加大民政事业财政投入。

当然,政府财政投入固然是民政事业资金来源的主渠道,但在当前民政事业经费逐年增长以及人民对民政事业的需求日益多层次、多样化的大背景下,支持民政事业的资金缺口如果单纯依靠政府财政投入的增加既是不合理的,也是不现实的。加大财政投入固然是一个重要方面,但满足民政事业更多的资金需求还是积极拓展其他筹资渠道。

(二)积极开拓,增加各级民政事业单位的生产经营收入

我国各级民政事业单位基于其成立的目的和宗旨,均对外提供了相应的产品或服务。如有些单位提供假肢、殡葬等的研究和开发,一些单位提供养老护理技术和服务等。尽管这些事业单位大多具有公益性质,但在我国社会主义市场经济大的环境和机制下,通过出售产品和提供服务,这些单位可以取得一定量的生产经营收入。这些收入除了能够有效地支持民政事业单位的公益事业外,也在一定程度上缓解了开展其他民政事业的资金需求。

各级民政事业单位可以通过以下措施来增加生产经营收入:

(1)全力开拓,积极营销,通过提高产量或增加服务项目来增加生产经

营收入。

（2）重视研发，积极创新，通过升级核心业务，全面提高各级民政事业单位的业务含金量，从而取得更多的生产经营收入。

（3）加强管理，优化配置人力、物力及财力资源，减少资源浪费，合理降低产品及服务成本，进而扩大产品及服务收入，提高经济效益。

从我国民政事业科学发展的角度出发，通过增加各级民政事业单位的生产经营收入来增加民政资金投入及增强自身造血功能将是一条长期可行的筹资渠道。

（三）出台激励及优惠政策，加大社会力量捐赠力度

慈善捐赠是民政事业经费的一项重要资金来源。根据《中华人民共和国公益事业捐赠法》《基金会管理条例》《中国慈善事业发展指导纲要》等慈善法规及相关规划以及我国税法，有关单位和个人在进行慈善捐赠活动时会得到一定程度的鼓励。但有资料显示，我国单位和个人对公益事业捐赠过少，与发达国家相比存在一定差距。

为筹集到足够的慈善资金和社会福利资金，国家可进一步出台相应的、积极的激励及优惠政策。这种政策主要有以下几个方面：

（1）适当提高慈善捐赠免税的额度，以激励单位和个人增加慈善捐赠。根据《中华人民共和国企业所得税法》的规定，企业所得税的纳税人用于公益、救济性的捐赠在年度利润总额12%以内的，准予免除。这是一个可喜的变化。个人向慈善公益组织的捐赠没有超过应纳税额的30%的部分，可以免除。与发达国家的做法相比，这个比例还可进一步提高。

（2）采取措施积极鼓励富人捐赠。

（3）培育发展公益性、服务性的民间组织，大力弘扬公益事业，呼唤爱心，为民间组织争取更多的优惠政策。

（4）加强对慈善捐赠的监管，使其真正用于公益性事业。

（四）加大福利彩票发行力度，增加福利彩票公益金用于民政事业的比重

现行制度（从2001年起）规定，从福利彩票销售收入中提取不低于35%

作为公益金，其中按销售收入计算的20%福利彩票公益金上缴中央，上缴中央财政的资金主要用于补充社会保障基金。自2005年起，改按销售额计算的17.5%福利彩票公益金上缴中央财政。应提高甚至将整个福利彩票收益用于社会福利事业，以确保福彩资金完整属于民政资金的重要组成部分。

（五）创新机制，为民政事业筹集更多的资金

鼓励和扶持民间资金大举进入社区服务业、收养服务业、殡葬服务业等领域。可以从两个方面进行筹资创新：

（1）创新中国特色的社会慈善形式，如创办慈善超市、慈善医院，使之成为救助贫困人口的重要基地。

（2）大胆探索新的筹资工具，如鼓励社区居民出资设立社区基金、企业设立企业基金以及独立个人设立独立个人基金等。

第四章 投资管理

投资决策是单位最重要的财务决策。重大项目决策的成功与否直接关系单位业绩的好坏，甚至成败。投资决策涉及一个单位的资本、资产及人力资源的规划和配置，是单位取得事业发展的关键。对投资管理的重视对成就一个单位意义重大。

第一节 投资管理概述

投资是投资主体为获得未来不确定的收益而面向一定对象投入一定量的物力和财力的过程。投资管理一般又称为资产组合管理，是指投资者决定投资哪些金融资产以及何时投资，是对所投资金和物力的管理。

一、投资的分类

（一）按投资的方向和范围划分

按照投资的方向和范围，投资可分为对内投资和对外投资。对内投资（Inward Investment）是指单位把资金投在单位内部的发展上，形成各项流动资产、固定资产、无形资产和其他资产的投资。这种投资活动直接把资金投在单位的生产经营活动中，属于直接投资范畴。

对外投资（Foreign Investment）是指单位把资金和财力投资到其他单位的投资活动。对外投资可以是间接投资，也可以是直接投资。

（二）按投资与投资对象的关系划分

按照投资与投资对象的关系，投资可分为直接投资和间接投资。直接投资（Direct Investment）是指投资者将货币资金直接投入投资项目，形成实物资产或者购买现有单位的投资。通过直接投资，投资者可以拥有全部或一定数量的单位资产及经营的所有权，直接进行或参与投资的经营管理。直接投资包括对现金、厂房、机械设备、交通工具、通信、土地或土地使用权等各种有形资产的投资和对专利、商标、咨询服务等无形资产的投资。

间接投资（Indirect Investment）是指投资者以其资本购买公司债券、金融债券或公司股票等各种有价证券，以预期获取一定收益的投资。由于其投资形式主要是购买各种各样的有价证券，因此也被称为证券投资。

与直接投资相比，间接投资的投资者除股票投资外，一般只享有定期获得一定收益的权利，而无权干预被投资对象对这部分投资的具体运用及其经营管理决策；间接投资的资本运用比较灵活，可以随时调用或转卖，更换其他资产，谋求更大的收益；可以减少因政治经济形势变化而承担的投资损失的风险；也可以作为中央银行为平衡银根松紧而开展公开市场业务时买进或抛售的筹码。

（三）按投资回收时间的长短划分

按照投资回收时间的长短，投资可分为短期投资和长期投资。短期投资（Short-term Investments）是指单位购入能够随时变现，并且持有时间不超过一年（含一年）的有价证券以及不超过一年（含一年）的其他投资，包括各种股票、债券、基金等。

长期投资（Long-term Investments）是指有别于短期投资情形的投资，即不准备在一年或长于一年的经营周期之内转变为现金的投资。单位管理层取得长期投资的目的在于持有而不在于出售，这是与短期投资的一个重要区别。

（四）按投资的内容划分

按照投资的内容，投资可分为固定资产投资、无形资产投资、流动资产投资以及证券投资等多种类型。

二、投资管理的基本原则

投资管理是单位实现增值、获取利益最大化的重要手段。单位在进行投资时应综合从安全性、收益性和流动性等方面进行考量。在实际投资时，应坚持以下几项基本原则：

（1）对所投资的项目进行可行性研究，以便做出正确的决策。单位投资是一项严肃的、科学的行为。单位应从所投资项目的安全性、收益性和流动性方面进行深入调查和分析，做出可行性研究，并根据调查和研究的结论做出正确的决策。

（2）抓住机会，及时投资。投资项目一旦确定，就要及时将所筹集的资金和物力投入选定项目。机不可失，时不再来。

（3）注意控制投资风险。在整个投资的过程中，处处存在风险。在进行风险控制时，应注意把风险控制在一个可掌控的范围内，以保证以最小的风险取得最大的收益。

第二节 固定资产投资决策

固定资产投资是指把单位的资金和物力投入形成单位所需的固定资产的过程。

一、固定资产投资的分类

（一）根据投资在再生产过程中的作用分类

根据投资在再生产过程中的作用，可把固定资产投资分为新建单位投资、简单再生产投资和扩大再生产投资。新建单位投资是指为一个新单位建立生产、经营、生活条件所进行的投资；简单再生产投资是指为了更新生产经营中已经老化的物质资源和人力资源所进行的投资；扩大再生产投资是指为扩大单位现有的生产经营规模所进行的投资。

（二）按对单位前途的影响进行分类

根据对单位前途的影响，可把固定资产投资分成战术性投资和战略性投资两大类。战术性投资是指不影响整个单位前途的投资；战略性投资是指对单位全局有重大影响的投资。

（三）按投资项目之间的关系进行分类

根据投资项目之间的关系，可把固定资产投资分成相关性投资和非相关性投资两大类。如果采纳或放弃某一项目并不显著影响另一项目则可以说这两个项目在经济上是不相关的。如果采纳或放弃某个投资项目可以显著地影响另外一个投资项目，则可以说这两个项目在经济上是相关的。

（四）按增加利润的途径进行分类

从增加利润的途径来看，可把单位固定资产投资分成扩大收入投资与降低成本投资两类。扩大收入投资是指通过扩大单位生产经营规模，以便增加利润的投资；降低成本投资则是指通过降低营业支出，以便增加利润的投资。

（五）按决策的分析思路来分类

从决策的角度来看，可把固定资产投资分为采纳与否投资和互斥选择投资两类。采纳与否投资决策是指决定是否投资于某一项目的决策；互斥选择投资决策是指在两个或两个以上的项目中只能选择其中之一的决策。

二、固定资产投资的特点

（一）固定资产投资的回收时间较长

固定资产投资决策一经做出，便会在较长时间内影响单位，一般的固定资产投资需要几年甚至十几年才能收回成本。

（二）固定资产投资的变现能力较差

固定资产投资的实物形态主要是厂房和机器设备等固定资产，这些资产不易改变用途，出售困难，变现能力较差。

（三）固定资产投资的资金占用数量相对稳定

固定资产投资一经完成，在资金占用数量上就会保持相对稳定，而不像流动资产投资那样经常变动。

（四）固定资产投资的实物形态与价值形态可以分离

固定资产投资完成、投入使用以后，随着固定资产的磨损，固定资产价值便有一部分脱离其实物形态，转化为货币准备金，而其余部分仍存在于实物形态中。在使用年限内，保留在固定资产实物形态上的价值逐年减少，而脱离实物形态转化为货币准备金的价值却逐年增加。直到固定资产报废，其价值才得到全部补偿，实物也得到更新。

（五）固定资产投资的次数相对较少

与流动资产相比，固定资产投资一般较少发生，特别是大规模的固定资产投资，一般要几年甚至十几年才发生一次。

三、固定资产投资管理的程序

固定资产投资的特点决定了固定资产投资具有相当大的风险，一旦决策失误，就会严重影响单位的财务状况和现金流量，甚至会使单位极度被动或走向破产。因此，固定资产投资不能在缺乏调查研究的情况下轻率拍板，而必须按特定的程序、运用科学的方法进行可行性分析，以保证决策的正确有效。

固定资产投资决策的程序一般包括以下几个步骤。

（一）投资项目的提出

单位的各级领导者都可提出新的投资项目。

（二）投资项目的评价

投资项目的评价主要涉及以下几项工作：

（1）对提出的投资项目进行分类，为分析评价做好准备。

（2）计算有关项目的预计收入和成本，预测投资项目的现金流量。

（3）运用各种投资评价指标，把各项投资按可行性大小的顺序进行排列。

（4）写出评价报告，请上级批准。

（三）投资项目的决策

投资项目经过评价后，单位领导者要做最后决策。最后决策一般可分成以下三种：

（1）接受投资项目，可以进行投资。

（2）拒绝投资项目，不能进行投资。

（3）返还给项目的提出部门，重新调查后再做处理。

（四）投资项目的执行

决定对某个项目进行投资后，要积极筹措资金，实施投资。在投资项目的执行过程中要对工程进度、工程质量、施工成本进行控制，以便使投资按预算规定如期保质完成。

（五）投资项目的再评价

在投资项目的执行过程中，应注意评价原来做出的决策是否合理、正确，以便随时进行更正。

四、固定资产投资决策

（一）使用现金流量对项目进行考核

在固定资产投资决策中，普遍使用的一个决策依据是考核项目的现金流量。现金流量是指一定时期内与固定资产投资有联系的货币资金增加与货币资金减

少的差额,即现金流入量与流出量的差额。选择以现金流量作为评价项目经济效益的基础主要有以下两方面原因:

(1)采用现金流量有利于科学地考虑时间价值因素。科学的投资决策必须认真考虑资金的时间价值,这就要求在决策时一定要清楚每笔预期收入款项和支出款项的具体时间。而利润的计算并不考虑资金收付的时间,它是以权责发生制为基础的。要在投资决策中考虑时间价值的因素,就不能利用利润来评价项目的优劣,而必须采用按收付实现制计算的现金流量。

(2)采用现金流量才能使投资决策更符合客观实际情况。在固定资产投资决策中,使用现金流量概念能科学地、客观地评价投资方案的优劣。与之相对应的是,利润指标明显的存在不科学、不客观的成分。这是因为:

①净利润的计算比现金流量的计算有更大的主观随意性。

②利润反映的是某一会计期间"应计"的现金流量,而不是实际的现金流量。

(二)现金流量的构成

现金流量是指与固定资产投资决策有关的现金流入和流出的数量,它是评价投资方案是否可行时必须事先计算的一个基础性指标。

1. 初始现金流量

初始现金流量是指项目开始投资时发生的现金流量,一般包括如下几个部分:

(1)固定资产上的投资。它包括固定资产的购入或建造成本、运输成本和安装成本等。

(2)流动资产上的投资。它包括对材料、在产品、产成品和现金等流动资产的投资。

(3)其他投资费用。它是指与固定资产投资有关的职工培训费、谈判费、注册费用等。

(4)原有固定资产的变价收入。其主要是指固定资产更新时原有固定资产的变卖所取得的现金收入。

2. 营业现金流量

营业现金流量是指投资项目投入使用后,在其寿命周期内由于生产经营所带来的现金流入和流出的数量。这种现金流量一般按年度进行计算。这里的现金流入一般是指营业现金收入,现金流出是指营业现金支出和缴纳的税金。如果一个投资项目每年的销售收入等于营业现金收入,付现成本(指不包括折旧的成本)等于营业现金支出,那么,年营业净现金流量(Net Cash Flow,缩写为NCF)可用下列公式计算:

$$每年净现金流量(NCF)=每年营业收入-付现成本-所得税$$

或

$$每年净现金流量(NCF)=净利+折旧$$

3. 终结现金流量

终结现金流量是指投资项目完结时所发生的现金流量,主要包括:

(1)固定资产的残值收入或变价收入。

(2)原来垫支在各种流动资产上的资金的收回。

(3)停止使用的土地的变价收入等。

(三)投资决策指标

投资决策指标是指评价投资方案是否可行或孰优孰劣的标准。投资决策的指标很多,具体可概括为贴现现金流量指标和非贴现现金流量指标两大类。

1. 非贴现现金流量指标

非贴现现金流量指标是指不考虑资金时间价值的各种指标。这类指标主要有如下两个:

(1)投资回收期。

投资回收期(Payback Period,缩写为PP)是指回收初始投资所需要的时间,一般以年为单位,是一种应用很久很广的投资决策指标。投资回收期的计算因每年营业净现金流量的不同而有所不同。

如果每年的NCF不相等,那么,计算回收期就要根据每年年末尚未回收的投资额加以确定。

投资回收期法的概念容易理解，计算也比较简便，但这一指标的缺点是没有考虑资金的时间价值，没有考虑回收期满后的现金流量状况，因而不能充分说明问题。

（2）平均报酬率。

平均报酬率（Average Rate of Return，缩写为ARR）是投资项目寿命周期内平均的年投资报酬率，也称平均投资报酬率。平均报酬率最常见的公式为

$$平均报酬率=平均现金流量/初始投资额\times 100\%$$

平均报酬率法的优点是简明、易算、易懂；缺点是没有考虑资金的时间价值，第一年的现金流量与最后一年的现金流量被看作具有相同的价值，所以有时会做出错误的决策。

2. 贴现现金流量指标

贴现现金流量指标是指考虑了资金时间价值的指标。这类指标主要有如下三个。

（1）净现值。

①净现值的概念。

净现值（Net Present Value，缩写为NPV）是在项目计算期内各年净现金流量现值的代数和。其计算公式为

$$NPV=\sum_{t=0}^{n} NCF_t(1+t)^{-t}$$

式中：NCF_t——第t年的净现金流量；

n——项目预计使用年限。

②净现值的计算过程。

计算净现值设定的折现率是投资某项目应获得的最低收益率，通常采用资本成本。

净现值还有另外一种表述方法，即项目投产后各年净现金流量的现值之和与原始投资现值合计的差额。

其计算公式为

$$NPV=\sum_{t=0}^{s} I_t(1+t)^{-t} - \sum_{t=S+1}^{s} NCF_t(1+t)^{-t}$$

式中：NCF_t——第 t 年的净现金流量；

I_t——第 t 年的原始投资；

S——建设期。

净现值是投资项目投产后所获得的净现金流量扣除按预定折现率计算的投资收益或资本成本（投资者的必要收益），再扣除原始投资的现值（初始投资），在建设起点上所能实现的净收益或净损失。

净现值是投资项目增加的单位价值：

当 $NPV=0$ 时，表明投资项目的实际收益率等于设定的折现率。

当 $NPV>0$ 时，表明投资项目的实际收益率大于设定的折现率。

当 $NPV<0$ 时，表明投资项目的实际收益率小于设定的折现率。

第一步：计算每年的营业净现金流量。

第二步：计算未来报酬的总现值。

a. 将每年的营业净现金流量折算成现值。

如果每年的 NCF 相等，则按年金法折成现值；如果每年的 NCF 不相等，则先对每年的 NCF 进行贴现，然后加以合计。

b. 将终结现金流量折算成现值。

c. 计算未来报酬的总现值。

d. 计算净现值。

净现值=未来报酬的总现值－初始投资现值

③净现值法的决策规则。

在只有一个备选方案的采纳与否决策中，净现值为正者则采纳，净现值为负者不予采纳。在有多个备选方案的互斥选择决策中，应选用净现值最大的那个方案。

净现值法的优点是考虑了资金的时间价值，能够反映各种投资方案的净收益，因而是一种较好的方法；缺点是不能揭示各个投资方案本身可能达到的实际报酬率是多少。

（2）内部报酬率。

①内部报酬率的概念。

内部报酬率又称内含报酬率（Internal Rate of Return，缩写为 IRR），是使投资项目的净现值等于零的贴现率。

内部报酬率实际上反映了投资项目的真实报酬率。

内部报酬率的计算公式为

$$\sum_{t=0}^{n} NCF_t(1+IRR)^{-t}=0$$

式中：NCF_t——第 t 年的净现金流量；

n——项目预计使用年限；

IRR——内部报酬率。

通过对上式求解，求得 IRR。

②内部报酬率的计算过程。

如果每年的 NCF 相等，则按下列步骤计算：

第一步：计算年金现值系数。

年金现值系数=原始投资额/每年营业净现金流量

第二步：查年金现值系数表，在相同的期数内找出与上述年金现值系数相邻近的较大和较小的两个贴现率。

第三步：根据上述两个邻近的贴现率和已求得的年金现值系数，采用插值法计算出该投资方案的内部报酬率。

如果每年的 NCF 不相等，则需要按下列步骤计算：

第一步：先预估一个贴现率，并按此贴现率计算净现值。如果计算出的净现值为正数，表示预估的贴现率小于该项目的实际内部报酬率，应提高贴现率，再进行测算；如果计算出的净现值为负数，表明预估的贴现率大于该方案的实际内部报酬率，应降低贴现率，再进行测算。经过如此反复测算，找到净现值由正到负并且比较接近于零的两个贴现率。

第二步：根据上述两个邻近的贴现率再来用插值法计算出方案的实际内部报酬率。

③内部报酬率法的决策规则。

在只有一个备选方案的采纳与否决策中，如果计算出的内部报酬率大于或等于单位的资本成本或必要报酬率,则采纳;反之,则拒绝。

内部报酬率法考虑了资金的时间价值,反映了投资项目的真实报酬率,概念也易于理解。但这种方法的计算过程比较复杂,特别是每年 NCF 不相等的投资项目,一般要经过多次测算才能求得。

(3)获利指数。

①获利指数的概念。

获利指数又称利润指数(Profitability Index,缩写为 PI),是投资项目未来报酬的总现值与初始投资额的现值之比。其计算公式为

$$PI=未来报酬总现值/原始投资现值$$

②获利指数的计算过程。

第一步:计算未来报酬的总现值,这与计算净现值所采用的方法相同。

第二步:计算获利指数,即根据未来报酬的总现值和初始投资额之比计算获利指数。

③获利指数法的决策规则。

在只有一个备选方案的采纳与否决策中,获利指数大于或等于1,则采纳;否则就拒绝。

获利指数法的优点是考虑了资金的时间价值,能够真实地反映投资项目的盈亏程度。由于获利指数是用相对数来表示的,所以有利于在初始投资额不同的投资方案之间进行对比。获利指数的缺点是获利指数这一概念不便于理解。

(四)投资决策指标的比较

1.各种指标在投资决策中应用的变化趋势

投资回收期法作为评价单位投资效益的主要方法,20世纪50年代曾在全世界流行。但是,后来人们发现其存在一定的局限性,于是建立了以货币时间价值原理为基础的贴现现金流量指标。

20世纪50~80年代,在时间价值原理基础上建立起来的贴现现金流量指标,在投资决策指标体系中的地位发生了显著变化。使用贴现现金流量指标的单位不断增多,从20世纪70年代开始,贴现现金流量指标已占主导地位,并形成

了以贴现现金流量指标为主、以投资回收期为辅的多种指标并存的指标体系。

2. 贴现现金流量指标广泛应用的原因

（1）非贴现指标把不同时间点上的现金收入和支出用毫无差别的资金进行对比，这一指标忽略了货币的时间价值因素，这是不科学的。

（2）非贴现指标中的投资回收期法只能反映投资的回收速度，而且夸大了投资的回收速度。

（3）非贴现指标对寿命不同、资金投入时间和提供收益时间不同的投资方案缺乏鉴别能力。

（4）非贴现指标中的平均报酬率、投资利润率等指标夸大了项目的盈利水平。

（5）在运用投资回收期这一指标时，标准回收期是方案取舍的依据。但标准回收期一般都是以经验或主观判断为基础来确定的，缺乏客观依据。

（6）管理人员水平的不断提高和电子计算机的广泛应用，加速了贴现指标的使用。

3. 贴现现金流量指标的比较

（1）净现值和内部报酬率的比较。

在多数情况下，运用净现值和内部报酬率这两种方法得出的结论是相同的。但在以下两种情况下，有时会产生差异：

一是初始投资不一致；

二是现金流入的时间不一致。

尽管在这两种情况下二者产生了差异，但引起差异的原因是共同的：净现值法假定产生的现金流入量重新投资会产生相当于单位资本成本的利润率，而内部报酬率法却假定现金流入量重新投资产生的利润率与此项目的特定的内部报酬率相同。在无资本限量的情况下，净现值法是一个比较好的方法。

（2）净现值和获利指数的比较。

由于净现值和获利指数使用的是相同的信息，在评价投资项目的优劣时它们常常是一致的，但有时也会产生分歧。只有当初始投资不同时，净现值和获利指数才会产生差异。当获利指数与净现值得出不同结论时，应以净现值为准。

总之,在无资本限量的情况下,利用净现值法在所有的投资评价中都能做出正确的决策,而利用内部报酬率和获利指数在采纳与否决策中也能做出正确的决策,但在互斥选择决策中有时会做出错误的决策。因而,在这三种评价方法中,净现值法是最好的。

五、固定资产更新决策

固定资产更新决策一般采用差量分析法进行。

(1) 从新设备的角度计算差量现金流量 $ANCF$;

(2) 根据差量现金流量计算差量净现值 $ANPV$;

(3) $ANPV \geq 0$,选择新设备;$ANPV<0$,继续使用旧设备。

[相关案例]

某单位拟进行一项固定资产投资项目,投资期为3年。每年年初投资2 000万元,第四年年初开始投产,投产时需垫支500万元营业资金(项目结束时回收)。固定资产预计使用寿命为5年,5年中会使单位每年增加销售收入3 600万元,每年增加付现成本1 200万元。假设该单位所得税税率为25%,资本成本为10%,固定资产无残值。根据以上资料,使用 NPV 法来判断该固定资产投资项目是否可行。

首先,假设单位使用的是自有资金投资,计算过程如下:

1. 计算折旧(直线折旧法)

$$折旧=(2000 \times 3)/5=1200(万元)$$

2. 计算第4年至第8年(营业期)的 NCF

$NCF=(3600-1200) \times (1-25\%)+1200 \times 25\%=2100(万元)$

3. 计算 NPV

$NPV=2100 \times (P/A, 10\%, 5) \times (P/F, 10\%, 3)+500 \times (P/F, 10\%, 8)$
$[2000+2000 \times (P/A, 10\%, 2)+500 \times (P/F, 10\%, 3)]=2100 \times 3.791 \times 0.751+500 \times 0.467-[2000+2000 \times 1.736+500 \times 0.751]=5978.79+233.5-[2000+3472+375.5]=364.79(万元)(>0)$

（注：P/A 为年金现值系数，P/F 为复利现值系数）

由上述计算结果可知，该投资方案可行。

第三节　无形资产投资决策

一、无形资产概述

（一）无形资产的概念

无形资产是指单位长期使用，且没有实物形态的资产。它一般是指没有实物形态的、可辨认的非货币性资产。

（二）无形资产的特点

无形资产具有下列特点：

（1）投资的无形资产不具有实物形态，这是区别于有形资产的主要特点。

（2）进行无形资产投资，可在较长时期发挥效用，为单位带来超额收益。

（3）无形资产的投资在计价评估上较难确定。

（4）无形资产的投资所形成的收益具有不确定性。

（5）无形资产的投资具有一定的垄断性和排他性。

（三）无形资产的内容

无形资产主要包括以下内容：

（1）专利权；

（2）专有技术；

（3）专营权；

（4）场地使用权；

（5）商标权；

（6）商誉。

（四）无形资产的分类

1. 按有效期限划分

（1）有期限的无形资产。这类无形资产在法律上规定了最长有效期，超过期限即失去保护作用。

（2）无期限的无形资产。这类无形资产主要是依靠自己形成的，因而没有期限。

2. 按是否可确指划分

（1）可确指的无形资产。这类无形资产能单独辨认、单独获得，如专利（营）权等。

（2）不可确指的无形资产。这类无形资产不能单独辨认，也不能单独取得，只能连同单位的净资产一并购入，如商誉等。

3. 按是否受法律保护划分

（1）权利资产：受法律保护，如专利权、版权等。

（2）非权利资产：不受法律保护，如商誉、专有技术等。

二、无形资产的投资管理

无形资产投资决策的方法与固定资产投资决策的方法基本相同。在实施无形资产投资时，也要按现金流量计算决策指标。由于无形资产投资形式存在多样性、无形资产投资期的难以预测性以及无形资产增加收益的不确定性，因此无形资产投资的管理更为复杂。

无形资产投资的管理通常包括以下几个方面。

（一）无形资产增加的管理

无论是单位购入的、自建的，还是其他单位投入的无形资产，都要办理相关手续，及时入账。

（二）无形资产摊销的管理

1. 无形资产的有效使用年限

无形资产的有效使用年限按以下原则确定：

（1）法律和合同都规定了有效期的，按较短的原则确定。

（2）法律没规定但合同规定了的，按合同中规定的年限确定。

（3）法律和合同均未规定的，按不少于10年的有效期确定。

2. 无形资产年摊销额的计算

$$无形资产年摊销额 = 原值/摊销年限$$

3. 无形资产使用的管理

无形资产的管理应坚持以下原则：

（1）挖掘潜力，提高无形资产的利用率。

（2）实行归口分级管理。如专利权，应由技术部门管理；专营权、场地使用权，由生产部门或销售部门管理；商标权由销售部门管理；等等，以便明确责任，提高使用效果。

三、无形资产投资的重要规定

我国有关制度对无形资产投资所涉环节做了比较明确的规定，这些规定主要作用于无形资产投资过程的关键环节，如成本确认和有关投资的重要规定。

（一）关于无形资产投资的成本确认

《企业会计制度》第四十四条规定：企业的无形资产在取得时，应按实际成本计量。所取得的实际成本应按以下方法确定：

（1）购入的无形资产，以实际支付的价款作为实际成本。

（2）投资者投入的无形资产，以投资各方确认的价值作为实际成本。

但是，为首次发行股票而接受投资者投入的无形资产，应以该无形资产在投资方的账面价值作为实际成本。

（3）企业接受的债务人以非现金资产抵偿债务方式取得的无形资产，或以应收债权换入无形资产的,按应收债权的账面价值加上应支付的相关税费确认实际成本。涉及补价的,按以下规定确定受让的无形资产的实际成本。

①收到补价的,以应收债权的账面价值减去补价,加上应支付的相关税费,作为实际成本。

②支付补价的,以应收债权的账面价值加上支付的补价和应支付的相关税费,作为实际成本。

(4)以非货币性交易换入的无形资产,按换出资产的账面价值加上应支付的相关税费,确认实际成本。涉及补价的,按以下规定确定无形资产的实际成本。

①收到补价的,以换出资产的账面价值加上应确认的收益和应支付的相关税费减去补价后的余额,作为实际成本。

②支付补价的,以换出资产的账面价值加上应支付的相关税费和补价,作为实际成本。

(5)接受捐赠的无形资产,应以以下规定确定其实际成本。

①捐赠方提供了有关凭据的,以凭据上标明的金额加上应支付的相关税费,作为实际成本。

②捐赠方没有提供有关凭据的,按以下顺序确定其实际成本:

同类或类似无形资产存在活跃市场的,以同类或类似无形资产的市场价格估计的金额,加上应支付的相关税费,作为实际成本。

同类或类似无形资产不存在活跃市场的,以该接受捐赠的无形资产的预计未来现金流量现值,作为实际成本。

(二)关于无形资产投资的约束性规定

根据我国现行财务制度,以无形资产进行投资,投资额度按我国现行财务制度规定,不得超过企业注册资金的20%;情况特殊需要超过20%的,应当经有关部门审查批准,但最高不超过30%。

(三)关于无形资产投资的税务规定

企业用无形资产向外投资,比照非货币性交易的规定处理。根据国家税务总局国税发〔1993〕149号《营业税税目注释（试行稿）》规定："以不动产投资入股，参与接受投资方利润分配、共同承担投资风险的行为，不征营业税。"《国家税务总局关于企业股权投资业务若干所得税问题的通知》（国税发〔2000〕118号）第三条第一款规定："企业以经营活动的部分非货币性资产对外投资，包括股份公司的法人股东以其经营活动的部分非货币性资产向股份公司配购股票，应在投资交易发生时，将其分解为按公允价值销售有关非货币性资产和投资两项经济业务进行所得税处理，并按规定计算确认资产转让所得或损失。"

根据以上规定，通过无形资产的方式向外投资无须缴纳营业税，但要按规定缴纳所得税。

第四节 证券投资管理

一、证券投资概述

（一）证券

证券是指用以证明或设定权益的书面凭证，它表明证券持有人或第三者有权取得该证券拥有的特定权益，或证明其曾经发生过的行为。证券是用来证明证券持有人享有的某种特定权益的凭证，如股票、债券、本票、汇票、支票、保险单、存款单、借据、提货单等各种票证单据都是证券。

证券具有两个最基本的特征：

一是法律特征，即它反映的是某种法律行为的结果，本身必须具有合法性。

二是书面特征，即必须采取书面形式或与书面形式有同等效力的形式，并且必须按照特定的格式进行书写或制作，载明有关法规规定的全部必要事项。

证券按其性质不同可分为凭证证券和有价证券两大类。

凭证证券又称无价证券，它是指本身不能使持有人或第三者取得一定收入的证券。

有价证券是一种具有一定票面金额，证明持券人有权按期取得一定收入，并可自由转让和买卖的所有权或债权证书，通常简称为证券。其主要形式有股票和债券两大类。其中债券又可分为公司债券、国家公债和不动产抵押债券等。有价证券本身并没有价值，只是由于它能为持有者带来一定的股息或利息收入，因而可以在证券市场上自由买卖和流通。

本章所论述的证券投资主要是指有价证券投资。

（二）证券投资的目的

单位进行证券投资一般具有以下目的：

（1）为保证未来的现金支付进行证券投资。

（2）进行多元化投资，分散投资风险。

（3）为了对某一单位进行控制或实施重大影响而进行股权投资。

（4）为充分利用闲置资金进行营利性投资。

总体来讲，证券投资在各项投资活动中是处于从属地位的，是为单位的整体经营目标服务的。

（三）证券投资与证券投机

证券投资是指基于对投资对象的发展趋势的判断，为获得经济利益而投入资金或资源用以转化为实物或金融资产的行为和过程。

证券投机是指根据对证券市场的判断，把握机会，利用市场出现的价差进行买卖，并从中获得利润的交易行为。投机就是投资机会，没有机会就不进行交易。

（四）证券投资的种类

证券投资主要包括以下几种形式：

（1）债券投资。

（2）股票投资。

（3）基金投资。

二、债券投资

债券是发行者为筹集资金向债权人发行的，于未来约定时间支付一定比例的利息，并在到期时偿还本金的一种有价证券。

和其他证券投资相比，债券投资风险比较小，本金安全性高，收入稳定性强，但投资者对发行债券的单位没有经营管理权。

评价债券投资收益水平的指标主要有两项：债券价值和到期收益率。

（一）债券价值和到期收益率

债券价值是指债券未来现金流入的现值总和。

在债券投资的过程中，投资者需要考虑债券价格和所购买债券在未来所获得的现金流量的现值之和。

根据债券购买价格和债券价值计算公式，即可计算债券的到期收益率。

债券价值的计算公式如下：

$$V = I_1/(1+i) + I_2/(1+i)^2 + \cdots + I_n/(1+i)^n + M/(1+i)^n$$
$$= I(P/A, i, n) + M(P/S, i, n)$$

式中：V——债券价值；

i——票面利息率；

$I_1, I_2, \cdots, I_n$——债券持有期内每阶段的利息；

M——债券账面价值；

P/A——年金现值系数；

P/S——复利现值系数。

[相关案例]

PST 公司于 2000 年 2 月 1 日以 924.28 元购入面值为 1 000 元的债券，其票面利率为 8%，每年计息付息一次。该债券于 2005 年 1 月 31 日到期，按面值收回本金。试计算该债券的投资收益率。

根据 $V = I(P/A, i, n) + M(P/S, i, n)$ 可得出：

$924.28 = 1000 \times 8\% \times (P/A, i, 5) + 1000/(1+i)^5$

采用逐次测试法：

第一次测试，假设 i=9%，代入上式：

右式 =1000×8%×（P/A，9%，5）+[1000/（1+9%）^{5}]=961.20

第二次测试，假设 i=10%，代入上式：

右式 =1000×8%×（P/A，10%，5）+[1000/（1+10%）^{5}]=924.28，

所以，收益率 =10%。

（二）债券投资风险

投资债券的单位可能存在以下风险。

1. 违约风险

违约风险是指发行债券的单位无法按时支付债券利息和偿还本金的风险。

2. 利率风险

利率风险是指由于市场利率发生变动，如利率升高而引起的风险。

3. 变现风险

变现风险是指由通货膨胀引起的债券价值降低所形成的变现损失风险。

4. 回收性风险

回收性风险是指购买具有回收性条款的债券，遭遇强制收回的可能。这种可能常常在市场利率下降时发生。

三、股票投资

股票是股份公司发给股东的所有权凭证，是股东借以取得股利的一种有价证券。股票主要有普通股和优先股两种类型。

单位投资股票往往具有以下投资目的：

（1）短期股票投资目的是获取差价。

（2）长期股票投资目的是获得所投资公司的控制权。

股票投资收益高，风险高。但与此同时，股票价格不稳定，因此，收入亦不稳定。

股票投资一般针对普通股进行，因此，这里以普通股为标的展开分析。

由于股票投资期限不确定，未来股利和变现价值也不确定，所以在确定股票投资收益率时经常采用折现法来计算。

四、基金投资

基金投资是一种利益共享、风险共担的集合投资方式。

（一）基金投资的特点

基金投资的优点：

（1）可以在不承担太大风险的情况下获得较高收益。

（2）具有专家理财优势和资金规模优势。

基金投资的缺点：

（1）无法获得很高的投资收益。

（2）在大盘整体大幅度下跌时，投资人可能承担较大风险。

（二）基金投资的分类

（1）按基金的组织形式划分，基金投资可分为契约型基金和公司型基金。契约型基金也称信托型投资基金，是依据信托契约通过发行受益凭证而组建的投资基金。该类基金一般由基金管理人、基金保管人及投资者三方当事人订立信托契约。基金管理人可以作为基金的发起人，通过发行受益凭证将资金筹集起来组成信托财产，并依据信托契约由基金托管人负责保管信托财产，具体办理证券、现金管理及有关的代理业务等。投资者也是受益凭证的持有人，通过购买受益凭证参与基金投资，享有投资受益。基金发行的受益凭证表明投资者对投资基金所享有的权益。

公司型基金又叫作共同基金，指基金本身为一家股份有限公司，公司通过发行股票或受益凭证的方式来筹集资金。投资者购买了该家公司的股票，就成为该公司的股东，凭股票领取股息或红利、分享投资所获得的收益。

（2）按基金的发行限制条件划分，基金投资可分为封闭型基金和开放型基金。开放型基金是和封闭型基金相对而言的。封闭型基金的资本额是确定的，不允许投资者随时赎回其投资，投资者只能在流通市场转让其所持有的基金单位而兑现。而开放型基金是指设立基金时发行的基金单位总数不固定，可以根据经营策略的实际需要连续发行，投资人可以随时申购基金单位，也可以随时要求基金管理人赎回其基金单位，申购或赎回基金单位的价格按基金的净资产值计算。

（三）基金的价值

基金的价值表现在基金能给投资者带来一定的现金流量。

在实践中，基金单位净值（Net Asset Value，缩写为NAV）是指在某一时点每一基金单位（或基金股份）所具有的市场价值。

其计算公式为

$$基金单位净值=基金净资产价值总额/基金单位总份额$$

其中：基金净资产价值＝基金总资产市场价值－基金负债总额。

（四）基金收益率

基金收益率的计算公式如下：

$$收益 = 当日基金净值 \times 基金份额 \times （1-赎回费）- 申购金额 + 现金分红$$

$$收益率=收益/申购金额 \times 100\%$$

如果年末和年初基金单位的持有份数相同，基金收益率就简化为基金单位净值在本年内的变化幅度。

五、证券投资组合

在证券投资界，有一句经典的指导原则："不要把所有的鸡蛋放在一个篮子里。"进行证券投资就要求我们做好证券的投资组合工作。

（一）证券投资组合的类型

证券组合有多种形式，投资者选择什么样的投资组合主要取决于投资者对风险的偏好程度以及承受能力。由于投资者厌恶风险的程度不同，因此形成了各种不同类型的证券投资组合。

常见的证券投资组合类型有以下几种。

1. 保守型证券投资组合

这种证券投资组合尽量模拟证券市场的某种市场指数，以求分散掉全部可分散风险，获得与市场平均报酬率相同的投资报酬。这种证券投资组合所承担的风险主要是证券市场的系统性风险，非系统性风险基本上能够消除，但其投资收益也不会高于市场的平均收益，因此是比较保守的投资组合类型。赞成有效市场理论的投资者通常会选择这种投资组合。

2. 进取型证券投资组合

进取型证券投资组合也称成长型证券投资组合，它以资本升值为主要目标，尽可能多选择一些成长性较好的股票，而少选择低风险、低报酬的股票，这样就可以使投资组合的收益高于证券市场的平均收益。这种投资组合的收益较高，风险也高于证券市场的平均风险。所以，采用这种投资组合，如果做得好，可以取得远远高于市场平均报酬的投资收益；如果失败，会造成较大的损失。采用这种投资组合不仅要求投资者具备较好的证券投资知识，还要对投资组合进行深入细致的分析。

3. 收入型证券投资组合

收入型证券投资组合也称稳健型证券投资组合，是一种比较常用的投资组合类型。这种投资组合以追求低风险和稳定的收益为主要目标。收入型证券投资组合通常选择一些风险不大、效益较高的公司的股票。这些股票虽然不是高成长的股票，但能够给投资者带来稳定的股利收益。因此，收入型证券投资组合的风险较低，但收益比较稳定。

（二）证券投资组合管理的基本程序

1. 确定证券投资组合的基本目标

由于投资者的风险偏好不同，不同类型的投资组合也具有不同的目标。进行证券投资组合管理，必须根据投资者对风险与收益的偏好来确定所选择投资组合的基本目标。

2. 制定证券投资组合的管理政策

证券投资组合的管理政策一般应包括证券组合的投资范围、投资品种的选择办法、风险控制办法、投资组合的资金管理办法等。证券投资组合的管理政策是为实现投资组合的基本目标服务的，同时也是进行具体投资活动的行为规则。

3. 确定最优证券投资组合

确定最优证券投资组合首先必须对证券市场上各种证券的特点进行分析，确定适合投资的类别，然后根据投资组合的基本目标选择符合自己风险偏好的最优证券组合。

4. 调整证券投资组合

最优投资组合确定之后，并非万事大吉。由于证券市场是处于不断变动状态的，个别证券的收益与风险特征都可能发生变化。由于这些变化，有些证券可能已不再符合投资者的投资目标，因此，投资者应当及时了解这些变化，并对证券组合做出适时的调整，修订原来的证券投资组合。

5. 进行证券投资组合的业绩评价

这是进行证券组合管理的最后一个环节。经过一段时间的投资之后，投资者应当对证券组合的业绩进行评价，这是非常重要的工作，它既涉及对过去投资活动的业绩评价，也关系将来投资组合管理的方向。业绩评价要以投资组合的基本目标为基准，分析现有的证券组合是否有利于实现投资组合的目标。业绩评价既要评价组合的投资收益，也要分析组合的风险水平。投资组合的风险水平应当符合投资者的风险偏好和承受能力，如果超过了投资者的风险承受能力，即便取得了较高的投资收益也是不可取的。

（三）证券投资组合的具体方法

1. 投资组合的三分法

在西方一些发达国家，比较流行的投资组合三分法是：1/3 的资金存入银行以备不时之需，1/3 的资金投资于债券、股票等有价证券，1/3 的资金投资于房地产等不动产。同样，投资于有价证券的资金也要进行三分，即 1/3 的资金投资于风险较大的、有发展前景的成长性股票，1/3 的资金投资于安全性较高的债券或优先股等有价证券，1/3 的资金投资于中等风险的有价证券。

2. 按风险等级和报酬高低进行投资组合

证券的风险大小可以分为不同的等级，收益也有高低之分。投资者可以测算出自己期望的投资收益率和所能承受的风险程度，然后在市场中选择相应风险和收益的证券作为投资组合。一般来说，在选择证券进行投资组合时，同等风险的证券，应尽可能选择报酬高的；同等报酬的证券，应尽可能选择风险低的，并且要尽可能选择一些风险呈负相关的证券进行投资组合，以便分散掉证券的非系统性风险。

3. 选择不同的行业、区域和市场的证券作为投资组合

这种投资组合的做法是：

（1）尽可能地选择足够数量的证券进行投资组合，这样可以分散掉大部分可分散风险。

（2）选择证券的行业也应分散，不可集中投资于同一个行业的证券。

（3）选择证券的区域也应尽可能地分散。

（4）将资金分散投资于不同的证券市场。

4. 选择不同期限的证券进行投资组合

这种投资组合的方法是根据投资者未来的现金流量安排各种证券不同的投资期限，从而进行长、中、短期相结合的投资组合。投资者对现金的需求总是有先有后，长期不用的资金可以进行长期投资，以获得较大的投资收益；近期可能要使用的资金最好投资于风险较小、易于变现的有价证券。

第五节　风险投资管理

一、风险投资的含义

风险投资是指由单位出资投入风险投资公司，由职业投资人将风险资本投向新兴的、迅速成长的、有巨大竞争潜力的未上市公司（主要是高科技公司），在承担很大风险的基础上为资金供给人提供长期股权资本和增值服务，培育公司快速成长，数年后通过上市、并购或其他股权转让方式撤出投资并取得高额投资回报的一种投资方式。

二、风险投资的基本特征

（一）风险投资是一种权益投资

风险投资不是一种借贷资本，而是一种权益资本。其着眼点不在于投资对象当前的盈亏，而在于它们的发展前景和资产的增值，以便通过上市或出售达到蜕资并取得高额回报的目的。因此，产权关系清晰是风险资本介入的必要前提。

（二）风险投资是一种无担保、有高风险的投资

风险投资主要用于支持刚刚起步或尚未起步的高技术企业或高技术产品。这类企业一方面没有固定资产或资金作为贷款的抵押和担保，因此无法从传统融资渠道获得资金，只能开辟新的渠道；另一方面技术、管理、市场、政策等风险都非常大，即使在发达国家，高技术企业的成功率也只有20%~30%。但由于成功的项目回报率很高，故仍能吸引一批投资人进行投资。

（三）风险投资是一种流动性较小的中长期投资

风险投资往往是在风险企业初创时就投入资金，一般需经3~8年才能通过蜕资取得收益，而且在此期间还要不断地对有成功希望的企业进行增资。由于其流动性较小，因此被称为"呆滞资金"。

（四）风险投资是一种高度专业化和程序化的组合投资

由于创业投资主要投向高新技术产业，加上投资风险较大，因此要求创业资本管理者具有很高的专业水准，在项目选择上高度专业化和程序化，需要经过精心组织、安排和挑选，以便尽可能地锁定投资风险。

为了分散风险，风险投资通常投资于一个包含10个项目以上的项目群，利用成功项目所取得的高回报来弥补失败项目的损失，从而获得收益。

（五）风险投资是一种投资人积极参与的投资

风险资金与高新技术两个要素构成了推动风险投资事业前行的两大车轮，二者缺一不可。风险投资人在向风险企业注入资金的同时，为降低投资风险，必然介入该企业的经营管理，提供咨询，参与重要业务的决策，必要时甚至可以解雇公司经理，亲自接管企业，尽力帮助该企业取得成功。

（六）风险投资是一种追求超额回报的财务性投资

风险投资是以追求超额利润回报为主要目的的一种投资行为，投资人并不以在某个行业获得强有力的竞争地位为最终目标，而是把它作为一种实现超额回报的手段，因此风险投资具有较强的财务性投资属性。

三、风险投资的四大要素

（一）风险资本

风险资本是指由专业投资人提供的、投向迅速成长并且具有很大升值潜力的新兴企业的一种资本。通常情况下，由于被投资企业的财务状况不能满足投资人于短期内抽回资金的需要，因此无法从传统的融资渠道（如银行）获得所需资金，这时风险资本便通过购买股权、提供贷款或既购买股权又提供贷款的方式进入这些企业。

（二）风险投资人

风险投资人是风险资本的运作者，是风险投资流程的中心环节。其工作职能是：辨认、发现机会，筛选投资项目，决定投资，促进风险企业迅速成长、退出。资金经由风险投资企业的筛选流向风险企业，取得收益后，再经风险投资企业回流至投资者。

风险投资人大体可分为以下四类：

第一类是风险资本家（Adventure Capitalists）。他们是向其他企业投资的企业家，与其他风险投资人一样，他们通过投资来获得利润。但不同的是，风险资本家所投出的资本一般情况下全部归其自身所有，而不是受托管理的资本。

第二类是风险投资企业（Venture Capital Firm）。风险投资企业的种类有很多，但是大部分企业通过风险投资基金来进行投资（风险投资企业除通过设立风险投资基金筹集风险资本外，同时也直接向投资人募集资本，企业本身也采用有限合伙制形式，投资人成为企业的有限合伙人，企业经理人员成为企业的一般合伙人），这些基金一般以有限合伙制为组织形式（虽然有限合伙制是主要组织形式，但近年来美国税法也允许选用有限责任合伙制和有限责任企业形式作为风险投资企业的另一种可选组织形式）。

第三类是产业附属投资企业（Corporate Venture Investors / Direct Investors）。这类投资企业往往是一些非金融性企业下属的独立的风险投资机构，他们代表企业集团的利益进行投资。和专业基金公司一样，这类投资人通常主要将资金投向一些特定的行业。

第四类是天使投资人（Angels）。这类投资人通常投资于非常年轻的企业，以帮助这些企业迅速启动。在风险投资领域，"天使"这个词指的是企业家类别中的第一批投资人，这些投资人在企业产品和业务成型之前就把资金投入进去。天使投资人通常是创业企业家的朋友、亲戚或商业伙伴，由于他们对该企业家的能力和创意深信不疑，因而愿意在业务远未开展起来之前就向该企业投入大笔资金。

（三）风险企业

如果说风险投资家的职能是价值发现的话，那么风险企业的职能则是价值创造。风险企业家是一个新技术、新发明、新思路的发明者或拥有者，他们在其发明、创新进行到一定程度时，由于缺乏后续资金而寻求风险投资家的帮助。除了缺乏资金外，他们往往缺乏管理的经验和技能。这也是需要风险投资家提供帮助的重要原因。

（四）资本市场

资本市场是风险投资实现增值变现的必由之路，没有发达完善的资本市场，就不可能使风险投资获得超额回报，从而会使风险投资人丧失进行风险投资的原动力。

四、我国风险投资业的发展情况

在市场与资本成熟的国家,风险投资被称为经济动力的"孵化器",其既是科研成果向社会生产力转化的"沃壤",也是保持综合国力领先的"源泉"。因此,在我国发展风险投资业具有重要的现实意义。

风险投资业最先在美国兴起。据《美国风险资本杂志》统计,从1979年到1985年美国风险投资从25亿美元增加到115亿美元,1995年达到400亿美元,其中70%投向了高新技术产业。日本到1986年已有风险投资公司1 800多家,风险投资总额超过9 000亿日元。1995年7月,日本大藏省决定建立"创业投资市场",用以支持具有发展潜力的中小风险企业的技术创新活动。在欧洲国家,英国的风险投资起步最早,发展也最快。1979年英国风险资本投资额仅为2 000万英镑,而到了1994年则骤升至20.74亿英镑。与此同时,德国、法国等国家也都在纷纷发展风险投资业。

我国的风险投资起步较晚。1985年3月,中共中央发布了《关于科学技术体制改革的决定》,该决定指出:"对于变化迅速、风险较大的高技术开发工作,可以设立风险投资给予支持。"这一决定使得我国高技术风险投资的发展有了政策上的依据和保证。同年9月,国务院正式批准成立了我国第一家风险投资公司——中国新技术风险投资公司,其标志着中国风险投资事业的创立。

我国的风险投资业由于刚刚起步,还存在许多方面的问题,主要表现在以下几方面。

(一)资金来源渠道有限,风险投资规模不足

我国风险投资机构的资金来源主要是政府部门。由于政策方面的限制,没有充分利用包括个人、民营单位、金融机构、外资等力量来共同构筑一个有机的风险投资网络,自然难以形成大规模的风险投资。

(二)报酬机制不合理,风险与收益不匹配

目前我国大部分的风险投资企业由各级政府组建,其组织形式和运行模式并未完全以市场机制为基础。其结果是一方面,风险投资机构不独立,不能以

市场机制为导向，权责不明确；另一方面，风险投资机构不能取得与其所承受的风险相匹配的收益，风险资本初始提供者的利益得不到保证。

（三）缺乏有效的撤出手段

风险投资的出口即风险资本最终的变现场所和撤出途径，在很大程度上决定了风险投资对投资者是否具有吸引力，以及风险投资机制的运行能否流畅和持久。由于我国目前的证券、股票等产权市场还不完善，产权流动不畅，创业板上市、柜台交易、兼并收购等风险资本变现的重要方式都还没有成为风险资本撤出的途径，因而风险投资的绝大部分滞留在被投资企业中无法撤出。另外，我国民众金融意识和风险意识普遍不强，也缺乏富有远见卓识的专门投资人才。

近年来，我国加大了风险投资法规和证券市场的建设力度。除前述1985年发布的《关于科学技术体制改革的决定》外，我国有关部门又先后出台了《关于建立风险投资机制的若干意见》《外国投资者并购境内企业的暂行规定》等一系列法规。另外，国家对《中华人民共和国公司法》和《中华人民共和国合伙企业法》所进行的修改在一定程度上奠定了风险投资的基石。在金融体系和资本市场建设上，我国已推出具有划时代意义的创业板市场，这是风险投资生存和发展的根本保证。

此外，我国鼓励相关的人才、资金等进入风险投资领域，正在逐步健全具有社会主义市场经济特色的风险投资机制。

风险投资已经成为我国投资领域的重要组成部分。

第五章 财务分析与综合绩效评价

　　财务分析是以财务报告资料及其他相关资料为依据，采用一系列专门的分析技术和方法，对单位过去和现在有关筹资活动、投资活动、经营活动、分配活动的盈利能力、营运能力、偿债能力、增长能力状况以及单位存在的问题等进行分析与评价的经济管理活动。它可以为单位的投资者、债权人、经营者及其他关心单位的组织或个人了解单位过去、评价单位现状、预测单位未来、做出正确决策提供准确的信息或依据。建立在财务分析基础之上的综合绩效评价对于把握单位的未来发展更具有重要意义。

第一节 财务分析概论

一、财务分析的定义

　　财务分析是指以财务报表和其他资料为依据和起点，采用专门方法，系统分析和评价单位的过去和现在的经营成果、财务状况及其变动情况，目的是了解过去、评价现在、预测未来，帮助单位管理改善决策。

　　财务分析的最基本功能是将大量的报表数据转换成对特定决策有用的信息，减少决策的不确定性。

　　财务分析的起点是财务报表，分析使用的数据大部分来自公开发表的财务报表。因此，财务分析的前提是正确理解财务报表。

财务分析的结果是对单位的偿债能力、盈利能力和抵抗风险能力做出评价，或找出存在的问题。

财务分析信息的主体主要有单位所有者、经营管理者、债权人以及政府主管部门等。上述各利益主体出于不同的动机和需要，对财务分析信息的要求也有所不同。

二、财务分析的方法

单位进行财务分析需要借助一定的方法。一般来说，财务分析的方法主要有以下三种。

（一）趋势分析法

趋势分析法（Trend Analysis Approach）是为了揭示财务状况和经营成果的变化及其原因、性质，帮助预测未来。用于趋势分析的数据既可以是绝对值，也可以是比率或百分比数据。

趋势分析法又叫作比较分析法、水平分析法，它是通过对财务报表中各类相关数字资料，将两期或多期连续的相同指标或比率进行定基对比和环比对比，得出它们的增减变动情况、数额和幅度，以揭示单位财务状况、经营情况和现金流量变化趋势的一种分析方法。

趋势分析法主要用来确定引起单位财务状况和经营成果变动的主要原因，以及确定单位财务状况和经营成果的发展趋势对投资者是否有利。这种分析方法属于一种动态分析，以差额分析法和比率分析法为基础，同时又能有效地弥补其不足。

趋势分析法的具体应用主要有以下三种方式。

1. 重要财务指标的比较

重要财务指标的比较是将不同时期财务报告中的相同指标或比率进行比较，直接观察其增减变动情况及变动幅度，考察其发展趋势，预测其发展前景。因此，这种方式在统计学上称为动态分析。

（1）定基动态比率。

定基动态比率是用某一时期的数值作为固定的基期指标数值，将其他各期数值与其对比来分析。

其计算公式为

$$定基动态比率=分析期数值/固定基数值\times 100\%$$

（2）环比动态比率。

环比动态比率是以每一分析期的前期数值为基期数值而计算出来的动态比率。

其计算公式为

$$环比动态比率=分析期数值/前期数值\times 100\%$$

2. 会计报表的比较

会计报表的比较是将连续数期的会计报表金额并列起来，比较其相同指标的增减变动金额和幅度，据以判断单位财务状况和经营成果发展变化的一种方法。

运用该方法进行比较分析时，最好是既计算有关指标增减变动的绝对值，又计算其增减变动的相对值，这样可以有效地避免分析结果的片面性。

3. 会计报表项目构成比较

这种方式是在会计报表比较的基础上发展而来的，是以会计报表中的某个总体指标为100%，计算出其各组成项目占该总体指标的百分比，从而来比较各个项目百分比的增减变动，以此来判断有关财务活动的变化趋势。这种方式较前两种更能准确地分析单位财务活动的发展趋势。它既可用于同一单位不同时期财务状况的纵向比较，又可用于不同单位之间的横向比较。同时，这种方法还能消除不同时期（不同单位）之间业务规模差异的影响，有利于分析单位的耗费和盈利水平，但计算较为复杂。

采用趋势分析法时，应注意以下问题：

（1）用于进行对比的各个时期的指标，在计算口径上必须一致。

（2）必须剔除偶发性项目的影响，使作为分析的数据能反映正常的经营状况。

（3）运用例外原则，对某项有显著变动的指标做重点分析，研究其产生的原因，以便采取对策，趋利避害。

趋势预测分析往往运用回归分析法、指数平滑法等方法来对财务报表的数据进行分析预测，分析其发展趋势，并预测出可能的发展结果。

（二）因素分析法

因素分析法（Factor Analysis Approach）是利用统计指数体系，分析几个相关因素对某一财务指标的影响程度的一种统计分析方法，它一般借助差异分析的方法。

因素分析法又称连环替代法，是指数法原理在经济分析中的应用和发展。它根据指数法的原理，在分析多种因素影响的趋势变动时，为了观察某一因素变动的影响而将其他因素固定下来，如此逐项分析、逐项替代，故称因素分析法或连环替代法。

因素分析法包括连环替代法和差额分析法两种。

1. 连环替代法

连环替代法是将分析指标分解为各个可以计量的因素，并根据各个因素之间的依存关系，顺次用各因素的比较值（通常即实际值）替代基准值（通常为标准值或计划值），据以测定各因素对分析指标的影响。

2. 差额分析法

差额分析法是连环替代法的一种简化形式，是利用各个因素的比较值与基准值之间的差额来计算各因素对分析指标的影响。

差额分析法既可以全面分析各因素对某一经济指标的影响，又可以单独分析某一个因素对经济指标的影响，在实际工作中应用较为广泛。但在使用此法时必须注意以下几个问题：

（1）因素分解的关联性。

（2）因素替代的顺序性。

（3）顺序替代的连环性，即计算每一个因素变动时都是在前一次计算的基础上进行，并采用连环比较的方法确定各因素变化的影响结果。

（4）计算结果的假定性。连环替代法计算的各因素变动的影响数会因替代计算的顺序不同而有差别，即其计算结果只是在某种假定前提下的结果，为此，财务分析人员在具体运用此方法时应注意力求使这种假定是合乎逻辑的假定，是具有实际经济意义的假定，这样计算结果的假定性就不会妨碍分析的有效性了。

（三）比率分析法

比率分析法是以同一期财务报表上若干重要项目的相关数据进行相互比较，求出比率，用以分析和评价单位的经营活动以及单位目前和历史状况的一种方法。比率分析法是财务分析最基本、最重要的工具。

由于进行财务分析的目的不同，因而各种分析者包括债权人、管理当局、政府机构等所选取的侧重点也不同。

根据比率指标所反映内容的不同，可将比率划分为三类，即结构比率、相关比率和效率比率。

1. 结构比率

结构比率是指某项财务指标的各组成部分数值占总体数值的百分比，体现部分与总体的关系。

2. 相关比率

相关比率是以相同时期两个性质不同但又相互关联的指标加以对比，反映经济活动的相互关系。

3. 效率指标

效率指标反映的是某项经济活动中投入与产出的关系，如将净利润与销售收入指标加以对比，可计算出销售净利润率指标。

比率分析法的优点是计算简便、用途广泛，便于不同单位以及一个单位不同时期的情况比较。但比率分析法也有其局限性，主要表现在：比率分析属于静态分析，所依据的主要是历史数据，对于预测未来并非绝对合理可靠。此外，比率分析所使用的数据为账面价值，难以反映通货膨胀的影响。

因此，在运用比率分析时应注意以下几点：

（1）所分析的项目要具有可比性、相关性。

（2）对比口径具有一致性，即比率的分子项与分母项必须在时间、范围等方面保持口径一致。

（3）选择比较的标准要具有科学性，要注意行业、生产经营情况的差异性等因素。

（4）注意将各种比率有机联系起来进行全面分析，不可孤立地看某种或某类比率，要同时结合其他分析方法，这样才能对单位的历史、现状和未来有详尽的了解，以真正达到财务分析的目的。

在实际工作中，比率分析法是通过对财务比率的分析了解单位的财务状况和经营成果，它往往要借助比较分析和趋势分析方法。各种财务分析方法通常要结合起来使用才能得到最好的分析结果。

第二节　财务指标分析

评价一个单位的财务状况和经营成果，主要的指标分析包括偿债能力分析、营运能力分析、获利能力分析和发展能力分析。

一、偿债能力分析

偿债能力是指单位偿还到期债务（包括本息）的能力。偿债能力指标包括短期偿债能力指标和长期偿债能力指标。

（一）短期偿债能力指标

短期偿债能力是指单位流动资产对流动负债及时足额偿还的保证程度，是衡量单位当期财务能力，尤其是流动资产变现能力的重要标志。

单位短期偿债能力的衡量指标主要有流动比率、速动比率和现金流动负债比率三项。

1. 流动比率

流动比率是流动资产与流动负债的比率，它表明单位每一单位流动负债有多少流动资产作为偿还保证，反映单位可在短期内转变为现金的流动资产偿还到期流动负债的能力。

其计算公式为

$$流动比率=流动资产/流动负债\times100\%$$

一般情况下,流动比率越高,说明单位短期偿债能力越强。国际上通常认为,流动比率的下限为100%,而流动比率等于200%时较为合适。流动比率过低,表明单位可能难以按期偿还债务;流动比率过高,表明单位流动资产占用较多,会影响资金的使用效率和单位的筹资成本,进而影响获利能力。

2. 速动比率

速动比率是单位速动资产与流动负债的比率。其中,速动资产是指流动资产减去变现能力较差且不稳定的存货、预付账款、待摊费用等后的余额。

其计算公式为

$$速动比率=速动资产/流动负债\times100\%$$

一般情况下,速动比率越高,说明单位偿还流动负债的能力越强。国际上通常认为,速动比率等于100%时较为适当;速动比率小于100%,表明单位面临很大的偿债风险;速动比率大于100%,表明单位会因现金及应收账款占用过多而增加单位的机会成本。

3. 现金流动负债比率

现金流动负债比率是单位一定时期的经营现金净流量同流动负债的比率,它可以从现金流量角度来反映单位当期偿付短期负债的能力。

其计算公式为

$$现金流动负债比率=年经营现金净流量/会计期末流动负债\times100\%$$

式中,年经营现金净流量是指在一定时期内,单位经营活动所产生的现金及现金等价物的流入量与流出量的差额。

现金流动负债比率越大,表明单位经营活动产生的现金净流量越多,越能保障单位按期偿还到期债务。但是,该指标并不是越大越好,指标过大表明单位流动资金利用不充分、获利能力不强。

(二)长期偿债能力指标

长期偿债能力是指单位偿还长期负债的能力。单位长期偿债能力的衡量指标主要有资产负债率、产权比率、或有负债比率、已获利息倍数和带息负债比率五项。

1. 资产负债率

资产负债率又称负债比率，是指单位负债总额对资产总额的比率，反映单位总资产对债权人权益的保障程度。

其计算公式为

$$资产负债率=负债总额/资产总额\times 100\%$$

一般情况下，资产负债率越小，表明单位长期偿债能力越强。对于债权人来说，该指标越小越好，越小单位偿债越有保证。但对于单位所有者来说，该指标过小表明单位对财务杠杆利用不够。单位的经营决策者应当将偿债能力指标与获利能力指标结合起来分析。通常认为资产负债率在50%~60%比较合适。

2. 产权比率

产权比率也称资本负债率，是指单位负债总额与所有者权益总额的比率，反映单位所有者权益对债权人权益的保障程度。

其计算公式为

$$产权比率=负债总额/所有者权益总额\times 100\%$$

一般情况下，产权比率越低，说明单位长期偿债能力越强。产权比率与资产负债率对评价偿债能力的作用基本相同，两者的主要区别是：资产负债率侧重于分析债务偿付安全性的物质保障程度，产权比率则侧重于揭示财务结构的稳健程度以及自有资金对偿债风险的承受能力。

3. 或有负债比率

或有负债比率是指单位或有负债总额对所有者权益总额的比率，反映单位所有者权益应对可能发生的或有负债的保障程度。

其计算公式为

$$或有负债比率=或有负债总额/所有者权益总额\times 100\%$$

其中：

或有负债总额 = 已贴现商业承兑汇票金额 + 对外担保金额 + 未决诉讼、未决仲裁金额（除贴现与担保引起的诉讼或仲裁）+ 其他或有负债金额一般情况下，或有负债比率越低，表明单位的长期偿债能力越强；反之，则单位承担的相关风险越大。

4. 已获利息倍数

已获利息倍数是指单位一定时期息税前利润与利息支出的比率，反映获利能力对债务偿付的保障程度。

其计算公式为

$$已获利息倍数=息税前利润总额/利息支出$$

其中：

$$息税前利润总额=利润总额+利息支出$$

一般情况下，已获利息倍数越高，说明单位长期偿债能力越强。国际上通常认为，该指标为3时较为合适，从长期来看至少应该大于1。

5. 带息负债比率

带息负债比率是指单位某一时点的带息负债金额与负债总额的比率，反映单位负债中带息负债的比重，在一定程度上体现了单位未来的偿债（尤其是偿还利息）压力。

其计算公式为

$$带息负债比率=（短期贷款＋一年内到期的长期负债＋长期负债＋应付债券＋应付利息）/负债总额 \times 100\%$$

一般情况下，带息负债比率越低，表明单位的偿债压力越低；反之，这一比率越高，则单位承担的偿债风险和偿还利息的风险越大。

二、营运能力分析

营运能力主要反映单位营运资产的效率与效益。单位营运资产的效率主要指资产的周转率或周转速度，单位营运资产的效益通常是指单位的产出额与资产占用额之间的比率。

单位营运能力分析就是要通过对反映单位资产营运效率与效益的指标进行计算与分析，评价单位的营运能力和资源运用的效率，发现单位在资产营运中存在的问题，为单位提高经济效益指明方向。

（一）流动资产营运能力分析

流动资产营运能力分析主要是通过应收账款周转率、存货周转率以及流动资产周转率等指标来进行分析。

1. 应收账款周转率

应收账款周转率（周转次数）是单位一定时期内营业收入（或销售收入）与平均应收账款余额的比率。

其计算公式为

$$应收账款周转率=营业收入/平均应收账款余额$$

$$应收账款周转期=（平均应收账款余额×360）/营业收入$$

式中，平均应收账款余额=（年初应收账款余额+年末应收账款余额）/2。

应收账款周转率反映了单位应收账款变现速度的快慢以及单位对其管理效率的高低。周转率高，表明收账迅速、资产流动性强，同时还可以减少坏账发生的可能和损失。

2. 存货周转率

存货周转率（周转次数）是单位一定时期内营业成本与平均存货余额的比率。

其计算公式为

$$存货周转率=营业成本/平均存货余额$$

$$存货周转期=（平均存货余额×360）/营业成本$$

式中，平均存货余额=（年初存货余额+年末存货余额）/2。

存货周转率的高低、存货周转速度的快慢，不仅反映了存货周转的问题，还反映了单位在采购、储存、生产、销售等各方面的工作状况最终对单位的偿债能力和获利能力构成关键性的影响因素。因此，单位一定要加强对存货周转的管理，结合单位所处的行业和发展阶段，使单位的存货保持在一个合理的水平。

3. 流动资产周转率

流动资产周转率或流动资产周转次数，既是反映流动资产周转速度的指标，也是综合反映流动资产利用效果的基本指标，它是一定时期营业收入与流动资产平均占用额的比率，是反映单位流动资产周转速度的指标，能够表明流动资产使用的经济效益。

其计算公式为

$$流动资产周转率=营业收入/平均流动资产总额$$

$$流动资产周转期=（平均流动资产总额\times 360）/营业收入$$

式中，平均流动资产总额=（年初流动资产总额+年末流动资产总额）/2。

在一定时期内，流动资产周转率越高，流动资产周转期越短，表明流动资产周转次数越多，流动资产利用效果越好；反之，单位则需改善流动资产管理，提高流动资产管理效率。

（二）固定资产营运能力分析

反映固定资产周转情况的指标主要有固定资产周转率（周转次数）。固定资产周转率也称固定资产利用率，是单位营业收入与固定资产净值的比率。

其计算公式为

$$固定资产周转率=营业收入/平均固定资产净值$$

$$固定资产周转期=（平均固定资产净值\times 360）/营业收入$$

式中，平均固定资产净值=（年初固定资产净值+年末固定资产净值）/2。

固定资产周转率主要用于分析对厂房、设备等固定资产的利用效率，比率越高，说明利用率越高，管理水平越高。如果固定资产周转率与同行业平均水平相比偏低，则说明单位对固定资产的利用率较低，可能会影响单位的获利能力。它反映了单位固定资产的利用程度。

在一定时期内，固定资产周转率越高，表明单位固定资产利用得越充分，单位的固定资产投资得当，也能够充分发挥效益。

在运用固定资产周转率时，必须考虑固定资产计提折旧方法的影响。在进行对比分析时，一定要调整折旧因素，使分析处在一个可比的范围内。

（三）总资产营运能力分析

反映总资产营运能力的主要指标是总资产周转率（周转次数），它是单位一定时期营业收入与平均资产总额的比率。

其计算公式为

$$总资产周转率=营业收入/平均资产总额$$

$$总资产周转期=（平均资产总额\times 360）/营业收入$$

式中，平均资产总额=（年初资产总额+年末资产总额）/2。

总资产周转率越高，表明单位总体资产的利用率越高；反之，则说明单位应该提高资产利用效率。

三、获利能力分析

获利能力是指单位获取利润的能力。利润是投资者取得投资收益、债权人收取本息的资金来源，是经营者经营业绩和管理效能的集中表现，也是职工集体福利不断完善的重要保障。因此，单位获利能力分析十分重要。

反映单位获利能力的指标主要有资金利润率、销售利润率、成本费用利润率等几项指标。

单位获利能力分析可以从单位盈利能力一般分析和股份公司税后利润分析两方面来研究。

（一）单位盈利能力一般分析

反映单位盈利能力一般分析的指标主要有销售利润率、成本费用利润率、总资产利润率、资本金利润率。

1. 销售利润率

销售利润率（Rate of Return on Sale）是单位利润总额与单位销售收入净额的比率。它反映单位销售收入中，职工为社会新创价值所占的份额。

其计算公式为

$$销售利润率=利润总额/销售收入净额\times 100\%$$

该项比率越高，表明单位为社会新创造的价值越多，贡献越大；反之，新创造的价值越少，贡献越小。

2. 成本费用利润率

成本费用利润率是指单位利润总额与成本费用总额的比率。它是反映单位在生产经营过程中发生的耗费与获得的收益之间关系的指标。

其计算公式为

$$成本费用利润率=利润总额/成本费用总额\times 100\%$$

该比率越高，表明单位耗费所取得的收益越高，这是一个能直接反映增收节支、增产节约效益的指标。

3. 总资产利润率

总资产利润率（Rate of Return on Total Assets）是单位利润总额与单位资产平均总额的比率。它是反映单位资产综合利用效果的指标，也是衡量单位利用债权和所有者权益总额取得盈利的重要指标。

其计算公式为

$$总资产利润率=利润总额/资产平均总额\times 100\%$$

式中，资产平均总额=（年初资产总额+年末资产总额）/2。

总资产利润率越高，表明资产利用的效益越高，整个单位获利能力越强，经营管理水平越高。

4. 资本金利润率

资本金利润率是单位的利润总额与资本金总额的比率，是反映投资者投入每一单位资本金的获利能力的指标。

其计算公式为

$$资本金利润率=利润总额/资本金总额\times 100\%$$

这一比率越高，说明资本金的利用效果越好；反之，则说明本金的利用效果不佳。

（二）股份公司税后利润分析

股份公司税后利润分析所用的指标很多，主要有每股利润、每股股利和市盈率。

1. 每股利润

股份公司中的每股利润（Earnings Per Share，缩写为 EPS）是指普通股每股税后利润。该指标中的利润是利润总额扣除应缴所得税的税后利润，如果发行了优先股还要扣除优先股应分的股利，然后除以流通股数（发行在外的普通股平均股数）。

其计算公式为

普通股每股税后利润=（税后利润–优先股股利）/流通股数×100%

2. 每股股利

每股股利（Dividends Per Share，缩写为 DPS）是股份公司股利总额与流通股数的比率。股利总额是用于对普通股分配现金股利的总额，流通股数是股份公司发行在外的普通股股份平均数。

其计算公式为

每股股利=股利总额/流通股数

每股股利是反映股份公司每一普通股获得股利多少的一个指标。

每股股利的高低，一方面取决于股份公司获利能力的强弱，另一方面还受股份公司股利发放政策与利润分配需要的影响。如果股份公司为扩大再生产、增强股份公司的后劲而多留利润，则每股股利就少；反之，每股股利就多。

3. 市盈率

市盈率又称价格盈余比率（Price-Earning Ratio，缩写为 P/E），是普通股每股市场价格与每股利润的比率。它是反映股票盈利状况的重要指标，也是投资者对从某种股票中获得1元利润所愿意支付的价格。

其计算公式为

市盈率=普通股每股市场价格/普通股每股利润

该项比率越高，表明单位获利的潜力越大；反之，则表明单位的前景并不乐观。股票投资者通过对市盈率进行比较，作为投资选择的参考。

四、发展能力分析

单位发展能力也称单位成长性，是单位通过自身的生产经营活动不断扩大积累而形成的发展潜能。单位能否健康发展取决于多种因素，包括外部经营环境、单位内在素质及资源条件等。

反映单位发展能力的指标主要有销售增长率、资产增长率、股东权益增长率等。

（一）销售增长率

销售增长率是指单位本年销售增长额与上年销售额之间的比率，反映销售的增减变动情况，是评价单位成长状况和发展能力的重要指标。

其计算公式为

销售增长率＝本年销售增长额/上年销售额×100%＝（本年销售额－上年销售额）/上年销售额×100%

销售增长率是衡量单位经营状况和市场占有能力、预测单位经营业务拓展趋势的重要指标，也是单位扩张增量资本和存量资本的重要前提。

该指标越大，表明其增长速度越快，单位市场前景越好。

（二）资产增长率

资产增长率也称总资产增长率，是单位本年总资产增长额同年初资产总额的比率，反映单位本期资产规模的增长情况。

资产是单位用于取得收入的资源，也是单位偿还债务的保障。资产增长是单位发展的一个重要方面，发展潜力大的单位一般能保持资产的稳定增长。

其计算公式为

资产增长率＝本年总资产增长额/年初资产总额×100%

资产增长率越高，表明单位一定时期内资产经营规模扩张的速度越快。但在分析时需要关注资产规模扩张的质和量的关系，以及单位的后续发展能力，避免盲目扩张。

（三）股东权益增长率

股东权益增长率是年末股东权益增长额与年初股东权益之比，也称资本积累率。

其计算公式为

股东权益增长率 = 本年股东权益增加额 / 股东权益年初余额 × 100%

股东权益增长率越高，表明股份公司本年股东权益增加得越多；反之，表明股份公司本年度股东权益增加得越少。

为了更为客观地评价股份公司的发展能力，在实际工作中往往还针对销售、资产以及股东权益运用三年增长率这一概念。

具体来说，三年增长率是指根据股份公司三年的销售数据、资产数据和股东权益数据，计算出相应的三年销售平均增长率、三年资产平均增长率以及三年股东权益平均增长率。

就三年销售平均增长率来讲，其计算公式为

$$三年销售平均增长率 = \sqrt{\frac{当年主营业务收入总额}{三年前主营业务收入总额}} - 1 \times 100\%$$

式中，考虑到主营业务收入在股份公司中的主体性和稳定性，采用这一指标来代表股份公司的营业收入总额，更能反映股份公司业务增长的客观性。

三年资产平均增长率以及三年股东权益平均增长率的计算公式以此类推。

在上面的分析中，既涉及同一会计期的不同数据对比，也涉及不同会计期的同类数据对比。同一会计期的不同数据对比在财务管理上被称为横向分析，不同会计期的同类数据对比在财务管理上被称为纵向分析。

第三节　财务综合分析

一、财务综合分析的目的

财务综合分析就是将单位营运能力、偿债能力、盈利能力和发展能力等方面的分析纳入一个有机的分析系统之中，全面对单位的财务状况、经营情况进行解剖和分析，从而对单位经济效益做出较为准确的评价与判断。

财务分析的最终目的在于全面地、准确地、客观地揭示被披露单位的财务状况和经营情况，并借以对单位经济效益的优劣做出合理的评价。显然，要达到这样一个分析目的，仅仅测算几个简单的、孤立的财务比率，或者将一些孤立的财务分析指标堆垒一起，彼此毫无联系地考察，是不可能得出合理、正确的结论的，有时甚至会得出错误的结论。因此，只有将单位的各项分析指标有机地联系起来，综合成一套完整的体系，相互配合使用，做出系统的综合评价，才能从总体上把握单位财务状况和经营情况的优劣。

用相互联系的观点对单位经济活动进行总体评价是财务报表分析的一项重要任务。对单位财务状况和经营成果的研究绝不可孤立地进行，因为经济现象都要受因果依存关系的制约，财务报表综合分析能揭示有关报表及其指标之间的横向联系与纵向联系，从而对单位经济活动的总体变化规律做出本质的描述。

二、财务综合分析的方法

财务综合分析的方法有很多，其中应用比较广泛的有杜邦体系分析法（简称杜邦分析法）、沃尔比重评分法和财务结构图法。

（一）杜邦分析法

杜邦分析法最初是由美国杜邦公司的经理创造的，因其最初由美国杜邦公司成功运用而得名，故称之为杜邦体系（The Dupont System）。杜邦分析法是利用各财务指标间的内在关系，对单位综合经营理财及经济效益进行系统分析评价的方法。杜邦分析法以股东（所有者）权益报酬率为龙头，以净资产收益率为核心，重点揭示单位获利能力及其原因。

杜邦分析法以净资产收益率为核心，将其分解为若干财务指标，通过逐层分解分析各分解指标的变动对净资产收益率的影响，从而揭示单位获利能力及其变动原因。

考察杜邦财务分析体系图，可以做出以下推论：

（1）净资产收益率是一个综合性最强的财务分析指标，反映了股东财富最大化的财务管理目标，反映了所有者投入资本的盈利能力。

（2）销售利润率是影响总资产报酬率的主要因素，反映了营业收入的收益水平。

（3）资产周转率是影响总资产报酬率的另一个主要因素，反映了单位运用资产获取收入的能力。

（4）权益乘数是影响净资产收益率的一个重要因素，反映了单位的负债程度。

（5）杜邦财务分析体系是一种对财务指标进行联系和分解的方法，而不是另外建立新的财务指标体系。

（二）沃尔比重评分法

沃尔比重评分法是由亚历山大·沃尔创立的，他把若干个财务比率通过线性关系结合起来，以此评价单位的信用水平。

沃尔比重评分法选定了七项财务比率，即流动比率、产权比率、固定资产比率、存货周转率、应收账款周转率、固定资产周转率及自有资金周转率。把这七项财务比率用线性关系结合起来，并分别给定其在总评价体系中所占的比重（总和为100分），然后根据单位所处行业的先进水平作为标准值确定标准比率，并与实际比率相比较，评出每项指标的得分，最后求出总评分。根据总评分得出单位财务状况的综合评价，继而确定其信用等级。

但沃尔比重评分法有两个缺陷：一是未能证明为什么一定要选择这7个指标，而不是更多或更少些，或者选择别的财务比率，也未能证明每个指标所占比重的合理性；二是当某一个指标严重异常时，会对总评分产生不合逻辑的影响。

沃尔比重评分法的操作思路具有现实意义。为了弥补缺陷，在使用此法时可以考虑对所选指标进行调整。在选择指标时，偿债能力、营运能力、盈利能力及发展能力均应当顾及。另外，还应适当选取一些非财务指标作为参考。无论如何，沃尔比重评分法作为一个财务状况综合评分法，在实践中得到了一定程度的应用。

（三）财务结构图法

对单位进行综合财务分析，还可以采用一种更为形象的方法，即用图形或坐标图把系列财务指标反映出来，从而直接洞察问题、发现本质。

杨健在其编著的《股票市场基础分析手册》一书中系统地阐述了这一方法的运行原理及操作方法。该法的应用性强，对财务管理者的实务操作具有一定的指导意义。

财务结构图法选取了8个财务指标来构建财务分析体系。这8个指标分别是：流通股本、每股收益、每股公积金、每股净值、资产收益率、资产负债率、利润增长率、未分配利润。

很显然，财务结构图法主要是针对股份公司进行分析的。实际上，其他单位也可以对本单位的财务分析指标进行针对性的转化，以期满足该法使用的前提条件，运用该法进行财务分析。

与沃尔比重评分法一样，在选择系列财务指标时需要系统考量、合理选择，以增加财务结构图法的科学性。各单位在做具体财务分析时可以结合单位所处的行业地位及单位特色来改进具体指标选择，以达到实用的目的。

下面结合一个案例来说明财务结构图法的运用机理（案例来自杨健编著的《股票市场基础分析手册》）。

[相关案例]

案例背景：

公司名称：PA×股份有限责任公司（股票代码000×××）

公司状况：

1994年，PA×股份有限责任公司在深圳交易所上市。主业：软磁盘。

上市后，PA×进入了全面多元化的投资阶段，但盈利水平始终不尽如人意。1996年，PA×创建麻黄草种植基地，效益不太明显。

1999年，PA×年报显示，天津子公司实现对德国某公司出口1.1亿马克，使当年公司利润总额达到1.58亿元，PA×股价从13.97元飞涨到35.83元。

2000年实现出口1.8亿马克，并与德国某公司续签出口合同60亿元人民币，PA×成为深沪两市屈指可数的蓝筹股。

PA×的主营业务是中药材的种植加工、葡萄种植和酿酒，从行业上来看，PA×属于农林板块。

在1999年和2000年两年间，深沪两市农业类上市公司大多业绩一般，鲜有利润率超过20%的公司。

PA×在2000年年报中，主营收入为9.09亿元，净利4.18亿元，利润率高达46%，远高出行业平均水平。

事实上，经过调查人们发现：

（1）以PA×天津子公司萃取设备的产能，即使通宵达旦运作也生产不出其所宣称的数量。

（2）其出口价格较之国际价格也有大幅度高估。

（3）某些出口产品的设备和工艺也值得怀疑。

但一般投资者不具有如此的精力和资源，因而很难在"PA×神话"被拆穿之前就能识破。

试使用上述财务分析（包括财务结构图法）手段，结合PA×所发布的、公开的上市公司资料（限于篇幅，在此略去相关财务报表），来揭开PA×公司造假的秘密。

[案例分析]

本次分析采用多种财务分析方法。

方法一：财务结构图法。

按照财务结构图法的指标选取方法，选取8个财务指标，即流通股本、每股收益、每股公积金、每股净值、资产收益率、资产负债率、利润增长率及未分配利润，来形成公司财务结构的构成要素。

把 PA×公司的财务结构表现在一个经过设计改变后的坐标图上（注：在整个坐标图上，共有 8 个坐标轴，分别以 A、B、C、D、E、F、G、H 进行标示。其中仅对 A、B、C、D 坐标轴标示了刻度，但每一个坐标轴的刻度单位可以各有不同。如有的可以百分数标示，有的可以 100 万元标示，等等，用以反映不同的财务指标含义），以便于查看和分析。

按照同样的原理，我们还可以从上市公司农林板块中选取几个代表性的公司，画出这些公司的财务结构图。经过对比，可以发现：除 PA×公司外，2000 年，其他农林行业公司的中报和年报财务结构基本类似，但是 PA×公司无论中报还是年报，其财务结构明显不同于其所属的行业。

从 2000 年年报来看，PA×公司的财务结构图上部较瘦，而 2000 年农林业代表性公司的财务结构图呈近似圆球形状，两者差异较大。

造成这种差异的主要原因是 PA×公司的每股公积金（0.42）和每股净值（2.39）明显偏低。同期农林业行业指数的每股公积金是 1.314 元，每股净值是 2.68 元。从结构图上来看，PA×公司的其他财务指标明显高出农林指数，那么，其每股公积金和每股净值也应高于行业水平。

与此形成鲜明对照的是，同期 PA×公司的每股收益高达 0.827 元，比行业水平高出 0.6 元，利润增长率 136.98%，远高于行业平均的利润增长率（26.891%）。其结构与行业内公司的巨大差异，只能说明 PA×公司有财务欺诈的重大嫌疑。

当然，如果同期该公司有特别的事情发生，能够解释这种差异，也可以摆脱嫌疑。但从该公司公开的资料中我们不能发现这些信息。

事实是什么？有关部门经过稽查公布了结果：

PA×公司存在严重造假行为，虚构巨额利润 7.45 亿元，其中，1999 年为 1.78 亿元，2000 年为 5.67 亿元。

方法二：纵向财务分析比较法。

这种方法主要是通过对连续会计年度内公司的财务报告进行追踪、对比和分析，找出公司经营状况的变动情况，主要是对公司的偿债能力指标、盈利能力指标、成长能力指标、资产负债管理能力指标和现金流量指标进行追踪和分析，发现公司的问题或潜在的投资价值。

经过对比，我们发现：

1. 主营业务利润占总利润的比率发生大的变化

假如这个比率在下降，可能意味着：

（1）主营业务在下滑。

（2）通过其他业务或营业外收入操纵利润。第一种情况可能会有公告，后一种情况说明公司的经营状况出了问题。

2. 收入或利润水平出现巨幅增长

一般来说，出现巨幅增长是不能够通过管理水平的提高在短时间内实现的，市场形势造就这种情况的可能性也很小。还有两种可能：

（1）通过大规模的并购。这时可以把合并前的收益和利润汇总起来判断。

（2）通过操纵实现。

3. 财务比率的变化

关注财务比率的历史变化，类似于趋势分析。可以根据公司的偿债能力、经营能力和盈利能力的发展趋势来判断公司的财务状况。

通过对 PA× 公司财务报表的分析，可以发现以下一些问题：

1. 营业成本比率异常波动

1999 年 PA× 公司营业成本比率（营业成本/主营业务收入）为 57.67%，2000 年中期为 54.73%。2000 年，营业成本比率突然降至 35.83%，其中下半年只有 12.47%。2000 年下半年，PA× 公司用 5 070 万元的营业成本创造了 40 661 万元的主营业务收入。

显然，对 PA× 这类公司而言是不可能的。

2. 销售回款蕴藏较大风险

PA× 公司货币资金 2000 年年末比 1999 年增加 2.27 亿元，但在同期公司的现金流量表上显示短期借款增加 5.86 亿元，即公司的现金净流量主要来源于公司的借款，而不是销售资金的回笼。

这笔借款只是为了使报表更好看，并误导投资者。

3. 存货风险

PA×公司2000年度存货周转率仅为0.86次，按下半年计算则不足0.13次。

由于存货周转率揭示的是公司实物流动性，作为常识，实物流动性低的公司风险较大。

4. 投资收益风险

PA×公司2000年对外投资平均占用额为1.35亿元，投资收益为-2 721万元，表明公司的对外投资决策存在较大失误。

5. 所得税风险

PA×公司2000年度合并报表显示，公司全年共实现4.23亿元的利润总额，所得税费用为739万元，综合计算其所得税税率为1.75%。从2000年年报中可知，2000年PA×公司只交了52 602.31元的增值税。但公司的单位销售收入为5.43亿元，应交增值税9 231万元。

PA×公司如未逃税，销售收入就有可能被虚构。

6. 赊账比率风险

赊账比率是单位期末应收账款与主营业务收入的比率。它的较大变动或比值较高，表明单位的主营业务收入主要依赖于应收账款。

经查，PA×公司也有回收应收账款以提高主营业务收入的嫌疑。通过两种财务分析方法，我们得到了同样的结论。由此可知，财务分析技术在财务管理实践中具有重要的现实意义。

第四节 综合绩效评价

为了全面反映单位的经营成绩、总结成功经验、查找经营过程中存在的问题，需要对单位进行更为全面的综合绩效评价。

综合绩效评价是利用统计学和运筹学的方法，通过建立定量分析和定性分析相结合的评价体系，对单位在一定经营期间的偿债能力、营运能力、获利能力和发展能力等综合指标所反映的绩效等各方面情况所进行的综合评价。

综合绩效评价的结果可以作为单位不同的利益相关方的考核依据。

一、综合绩效评价

根据 2006 年颁布实施的《中央企业综合绩效评价实施细则》，对一个企业实施全方位的评价需要考量更多的因素、更多的指标、更为科学的权重等，才能得到现实的、有价值的评价结果，以用于指导日趋复杂的企业决策。

综合绩效评价指标体系由 22 个财务绩效定量评价指标和 8 个管理绩效定性评价指标组成。

22 个财务绩效定量评价指标由反映企业盈利能力状况、资产质量状况、债务风险状况和经营增长状况四个方面的 8 个基本指标和 14 个修正指标构成，用于综合评价企业财务会计报表所反映的经营绩效状况。

企业盈利能力状况以净资产收益率、总资产报酬率两个基本指标和销售（营业）利润率、盈余现金保障倍数、成本费用利润率、资本收益率 4 个修正指标进行评价，主要反映企业一定经营期间的投入产出水平和盈利质量。

企业资产质量状况以总资产周转率、应收账款周转率两个基本指标和不良资产比率、流动资产周转率、资产现金回收率 3 个修正指标进行评价，主要反映企业所占用经济资源的利用效率、资产管理水平与资产的安全性。

企业债务风险状况以资产负债率、已获利息倍数两个基本指标和速动比率、现金流动负债比率、带息负债比率、或有负债比率 4 个修正指标进行评价，主要反映企业的债务负担水平、偿债能力及其面临的债务风险。

企业经营增长状况以销售（营业）增长率、资本保值增值率两个基本指标和销售（营业）利润增长率、总资产增长率、技术投入比率 3 个修正指标进行评价，主要反映企业的经营增长水平、资本增值状况及发展后劲。

企业管理绩效定性评价指标包括战略管理、发展创新、经营决策、风险控制、基础管理、人力资源、行业影响、社会贡献 8 个方面的指标，主要反映企业在一定经营期间所采取的各项管理措施及其管理成效。

（1）战略管理评价主要反映企业所制定战略规划的科学性、战略规划是否符合企业实际、员工对战略规划的认知程度、战略规划的保障措施及其执行力,以及战略规划的实施效果等方面的情况。

(2)发展创新评价主要反映企业在经营管理创新、工艺革新、技术改造、新产品开发、品牌培育、市场拓展、专利申请及核心技术研发等方面的措施及实施成效。

(3)经营决策评价主要反映企业在决策管理、决策程序、决策方法、决策执行、决策监督、责任追究等方面采取的措施及实施效果,重点反映企业是否存在重大经营决策失误。

(4)风险控制评价主要反映企业在财务风险、市场风险、技术风险、管理风险、信用风险和道德风险等方面的管理与控制措施及效果,包括风险控制标准、风险评估程序、风险防范与化解措施等。

(5)基础管理评价主要反映企业在制度建设、内部控制、重大事项管理、信息化建设、标准化管理等方面的情况,包括财务管理、对外投资、采购与销售、存货管理、质量管理、安全管理、法律事务等。

(6)人力资源评价主要反映企业人才结构、人才培养、人才引进、人才储备、人事调配、员工绩效管理、分配与激励、单位文化建设、员工工作热情等方面的情况。

(7)行业影响评价主要反映企业主营业务的市场占有率、对国民经济及区域经济的影响与带动力、主要产品的市场认可程度、是否具有核心竞争能力以及产业引导能力等方面的情况。

(8)社会贡献评价主要反映企业在资源节约、环境保护、吸纳就业、工资福利、安全生产、上缴税收、商业诚信、和谐社会建设等方面的贡献程度和社会责任的履行情况。

企业管理绩效定性评价指标应当根据评价工作需要进一步细化,能够量化的应当采用量化指标进行反映。

企业综合绩效评价指标权重实行百分制,指标权重依据评价指标的重要性和各指标的引导功能,通过征求咨询专家意见和组织必要的测试进行确定。

财务绩效定量评价指标权重确定为70%,管理绩效定性评价指标权重确定为30%。在实际评价过程中，财务绩效定量评价指标和管理绩效定性评价指标的权重均按百分制设定，分别计算分项指标的分值，然后按70：30比例折算。

财务绩效定量评价标准划分为优秀（A）、良好（B）、平均（C）、较低（D）、较差（E）五个档次，管理绩效定性评价标准分为优（A）、良（B）、中（C）、低（D）、差（E）五个档次。

对应五档评价标准的标准系数分别为1.0、0.8、0.6、0.4、0.2，较差（E）以下为0。标准系数是评价标准的水平参数，反映的是评价指标对应评价标准所达到的水平档次。

评价组织机构应当认真分析判断评价对象所属行业和规模，正确选用财务绩效定量评价标准值。

企业财务绩效定量评价标准值的选用一般根据企业的主营业务领域对照企业综合绩效评价行业的基本分类，自下而上逐层遴选被评价企业适用的行业标准值。

企业综合绩效评价计分方法采取功效系数法和综合分析判断法，其中，功效系数法用于财务绩效定量评价指标的计分，综合分析判断法用于管理绩效定性评价指标的计分。

财务绩效定量评价基本指标计分是按照功效系数法计分原理，将评价指标实际值对照行业评价标准值，按照规定的计分公式计算各项基本指标得分。

计算公式为

单项基本指标得分=本档基础分+调整分

本档基础分=指标权数×本档标准系数

调整分=功效系数×（上档基础分－本档基础分）

上档基础分=指标权数×上档标准系数

功效系数=（实际值－本档标准值）/（上档标准值－本档标准值）

本档标准值是指上下两档标准值中居于较低等级的一档。

财务绩效定量评价修正指标的计分是在基本指标计分结果的基础上，运用功效系数法原理，分别计算盈利能力、资产质量、债务风险和经营增长四个部分的综合修正系数，再据此计算出修正后的分数。

在计算修正指标单项修正系数过程中，对一些特殊情况做如下规定：

（1）如果修正指标实际值达到优秀值以上，其单项修正系数的计算公式如下：

单项修正系数=1.2+本档标准系数－该部分基本指标分析系数

（2）如果修正指标实际值处于较差值以下，其单项修正系数的计算公式如下：

单项修正系数=1.0－该部分基本指标分析系数

（3）如果资产负债率≥100%，那么指标得0分；其他情况按照规定的公式计分。

（4）如果盈余现金保障倍数分子为正数，分母为负数，单项修正系数确定为1.1；如果分子为负数，分母为正数，那么单项修正系数确定为0.9；如果分子分母同为负数，那么单项修正系数确定为0.8。

（5）如果不良资产比率≥100%或分母为负数，那么单项修正系数确定为0.8。

（6）对于销售（营业）利润增长率指标，如果上年主营业务利润为负数，本年为正数，那么单项修正系数为1.1；如果上年主营业务利润为零本年为正数，或者上年为负数本年为零，那么单项修正系数确定为1.0。

（7）如果个别指标难以确定行业标准，那么该指标单项修正系数确定为1.0。

管理绩效定性评价指标的计分一般通过专家评议打分的形式完成，聘请的专家应不少于七名；评议专家应当在充分了解企业管理绩效状况的基础上，对照评价参考标准，采取综合分析判断法，对企业管理绩效指标问题做出分析评议，评判各项指标所处的水平档次，并直接给出评价分数。计分公式为

管理绩效定性评价指标分数=∑单项指标分数

单项指标分数=（∑每位专家给定的单项指标分数）/专家人数

在得出财务绩效定量评价分数和管理绩效定性评价分数后，应当按照规定的权重，耦合形成综合绩效评价分数。计算公式为

企业综合绩效评价分数＝财务绩效定量评价分数×70%+管理绩效定性评

价分数×30%

在得出评价分数以后,应当计算年度之间的绩效改进度,以反映单位年度之间经营绩效的变化状况。计算公式为

绩效改进度=本期绩效评价分数/基期绩效评价分数

绩效改进度大于1,表明经营绩效上升;绩效改进度小于1,表明经营绩效下滑。

对经济效益上升幅度显著、经营规模较大、有重大科技创新的企业,应当给予适当加分,以充分反映不同企业努力程度和管理难度,激励企业加强科技创新。对被评价企业评价期间(年度)发生重大不良事项的企业,应当予以扣分。

企业综合绩效评价结果以评价得分、评价类型和评价级别表示。

评价类型是根据评价分数对企业综合绩效所划分的水平档次,用文字和字母表示,分为优(A)、良(B)、中(C)、低(D)、差(E)五种类型。

评价级别是对每种类型再划分级次,以体现同一评价类型的不同差异,采用在字母后标注"+、-"号的方式表示。

企业综合绩效评价结果以85、70、50、40分作为类型判定的分数线。

(1)评价得分在85分以上(含85分)的评价类型为优(A),在此基础上划分为三个级别,分别为:A++≥95分;95分>A+≥90分;90分>A≥85分。

(2)评价得分在70以上(含70分)不足85分的评价类型为良(B),在此基础上划分为三个级别,分别为:85分>B++≥80分;80分>B+≥75分;75分>B≥70分。

(3)评价得分在50分以上(含50分)不足70分的评价类型为中(C),在此基础上划分为两个级别,分别为:70分>C+≥60分;60分>C≥50分。

(4)评价得分在40分以上(含40分)不足50分的评价类型为低(D)。

(5)评价得分在40分以下的评价类型为差(E)。

二、全面绩效计分卡

全面绩效计分卡概念是由荷兰人休伯特·兰佩萨德提出的,它是平衡计分卡、全面质量管理、绩效管理和能力管理概念的扩展和融合,是一个以个人与

组织绩效可持续增长为中心循序渐进、发展和学习的系统过程。

全面绩效计分卡综合了个人和组织的使命、愿景、重要角色、核心价值观、关键成功因素、目标、绩效指标、目标值、改进行动方案以及持续改进、发展和学习的结果流程。它以个人使命及愿景为出发点,符合人本的发展趋势。同时,它还致力于人力资本与组织的成功结合,共同提升个人和组织的价值。

全面绩效计分卡主要包括以下五种类型。

1. 个人平衡计分卡

个人平衡计分卡包括个人使命、愿景、重要角色、关键成功因素、目标、绩效测量、目标值和改进行动,还包括以一个人的幸福与在社会中的成功为核心的个人技巧与行为的持续改进。

个人平衡计分卡分为四个视角,但是内容不同。内部是指身体健康和精神状况。外部是指与配偶、子女、朋友、老板、同事及其他人的关系。知识与学习是指个人的技能和学习能力。财务是指经济状况稳定。

个人平衡计分卡可以用一个公式来定义:

个人平衡计分卡 = 个人使命 + 个人愿景 + 个人核心角色 + 个人关键成功因素 + 个人目标 + 个人绩效测评 + 个人具体目标 + 个人改进措施

个人平衡计分卡的实施是一个循环过程,分四个阶段:

(1) 制定。

制定个人与组织的平衡计分卡。

(2) 沟通和联系。

通过有效的沟通和转化过程,组织计分卡转化为各个业务部门及具体团队的计分卡,而团队计分卡又与员工计分卡(个人业绩计划)联系起来,从而让组织的所有利益相关者都参与组织战略的形成。

(3) 改进。

员工根据个人平衡计分卡和组织平衡计分卡总结经验,提出改进措施。重点在于改正错误,提高能力。

(4) 发展和学习。

管理者在人才管理过程中和员工一起讨论他们的个人发展计划。个人平衡计分卡是一种激发个人潜能的新方法。管理人员不仅可以运用它管理人才,还可以用它来管理自己的职业发展和家庭生活。

2. 组织平衡计分卡

组织平衡计分卡包括组织使命、愿景、核心价值观、关键成功因素、目标、绩效测量、目标值和改进行动。这里,组织使命、愿景和核心价值观被称为组织共同目标。

组织平衡计分卡分为四个视角。外部主要是指客户满意度。内部主要是指流程控制。知识与学习主要是指员工的技能和态度,以及组织的学习能力。财务主要是指健康的财务状况。

个人平衡计分卡和组织平衡计分卡的构成要素是一个相互关联的关系。人们不会对他们不相信或不同意的事情全力以赴去做,而如果个人的使命、愿景和核心角色与组织的使命、愿景和核心价值相一致,那么员工对工作的投入性就会增强。

3. 全面质量管理

全面质量管理是以持续改进为中心的整个组织的生存定理,也就是要按部就班、循序渐进、系统地完成问题、确定根本原因、执行、检查执行效率和总结运营流程。全面质量管理强调动员整个组织以满足客户的不断需求。

4. 绩效和能力管理

绩效和能力管理是指组织内人力潜能不断被开发的过程。把绩效管理和能力管理放在一起是因为它们二者具有共同的目标,即以积极发展的团队来不断取得最高绩效,以员工的最高发展和最充分地利用员工潜能达到组织目标为核心。

5. 学习循环

学习模式引发个人和集体行为的转变。学习过程连同个人学习和集体学习都是全面绩效计分卡的重要原理,它们为有效的组织变革创造条件。

全面绩效计分卡不仅是一个关于改进和变革的管理学理论,更是一种生活方式,这种方式能够提升股东、客户、员工、同事、家庭、朋友或他人的持续满意度。随着全面绩效计分卡的不断发展,它的应用领域将更加广泛,会给各种类型的组织带来活力,为个人实现价值提供指导思想。

第六章 内部会计控制概论

第一节 内部控制概述

一、内部控制的概念

内部控制是指一个单位为了实现其经营目标,保证资产的安全完整,保证会计信息资料的正确可靠,确保经营方针的贯彻执行,保证经营活动的经济性、效率性和效果性而在单位内部采取的自我调整、约束、规划、评价和控制的一系列方法、手续与措施的总称。"内部控制"是外来语,其理论的发展经过了一个漫长的时期。最早,内部控制制度思想认为内部控制应分为内部会计控制和内部管理控制(或称内部业务控制)两个部分,前者在于保证企业资产、检查会计数据的准确性和可靠性;后者在于提高经营效率、促使有关人员遵守既定的管理方针。西方学术界通过对内部会计控制和管理控制的研究,发现这两者是不可分割、相互联系的,因此在20世纪80年代西方学者提出了内部控制结构的概念,认为企业的内部控制结构包括"合理保证企业特定目标的实现而建立的各种政策和程序",并且明确了内部控制结构的内容为控制环境、会计制度和控制程序三个方面。在20世纪90年代美国提出内部控制整体框架思想后,西方学者对内部控制的认识才逐步统一起来。

1992年美国一个专门研究内部控制问题的委员会,即COSO委员会发布了《内部控制整合框架》报告。该报告指出内部控制是由一个企业董事会、管理人员和其他职员实施的一个过程,其目的是提高经营活动的效果和效率,确保财务报告的可靠性，促使与可适用的法律相符合而提供一种合理的保证。尽管这一定义包含的内容很宽泛，但也存在一定的片面性，如报告缺乏保障资产的概念，对风险强调得不够等。为此，COSO 委员会在 2004 年 10 月颁布的《企业风险管理整合框架》（简称 ERM）中对内部控制的定义做了更加细化的阐述，指出内部控制的定义包括以下内容：①是一个过程；②被人影响；③应用于战略制定；④贯穿整个企业的所有层级和单位；⑤旨在识别影响组织的实践并在组织的风险偏好范围内管理风险；⑥合理保证；⑦实现各类目标。相比 1992 年报告的定义，ERM 概念要细化得多，不仅明确了对保护资产概念的运用，将纠正错误的管理行为明确地列为控制活动之一，还提出了风险偏好、风险容忍度等概念，使得 ERM 的定义更加明确、具体。本章的内部控制概念，即遵循 ERM 框架中对内部控制的界定。

二、内部控制的目标及作用

（一）内部控制的目标

内部控制的目标是指内部控制对象应达到的目的或欲达到的效果。从内部控制产生、发展的过程看，早期内部控制的目标是比较狭隘的，多局限于资金和财产的保护，防止欺诈和舞弊行为。随着全球经济一体化的发展，企业兼并的浪潮一浪高过一浪，公司规模不断扩大，股权进一步分散，所有权和经营权更加分离，使得在现代企业制度下的内部控制已不是传统的查弊和纠错，而是涉及企业的各个方面，内部控制目标呈现出多元化趋势，不仅包括保证财产的安全完整，检查会计资料的准确、可靠，还将促进企业贯彻的经营方针以及提高经营效率纳入其中，这也是公司治理对内部控制提出的要求。在 1994 年《内部控制整合框架》中，内部控制有三个目标：经营的效果和效率、财务报告的可靠性和法律法规的遵循性。在 2004 年 10 月颁布的《企业风险管理整合框架》中，除了经营目标和合法性目标与内部控制整体框架相似以外，还将"财务报告的可靠性"发展为"报告的可靠性"。ERM 将报告拓展到"内部的和外部的""财务和非财务的报告"，该目标涵盖了企业的所有报告。除此之外，COSO 新报告提出了一类新的目标——战略目标。该目标比其他三个目标更高，企业的风险管理在应用于实现企业其他三个目标的过程中，也应用于企业的战略制定阶段。

（二）内部控制的作用

现代内部控制作为一种先进的单位内部管理制度，在现代经济生活中发挥着越来越重要的作用。企业内部控制制度的完善严密与否，执行情况的好坏，直接关系到企业的兴衰成败、生死存亡。内部控制是企业提高经营效益、稳健发展的有效手段。企业规模越大，业务越复杂，其重要性就越为显著。建立健全的内部控制，并恰当运用它，有利于减少疏忽、错误与违纪违法行为，有利于激励进取，促进企业有效发展。

随着社会主义市场经济体制的建立，内部控制的作用会不断扩展。目前，它在经济管理和监督中主要有以下作用。

1. 提高会计信息资料的正确性和可靠性

企业决策层要想在瞬息万变的市场竞争中有效地管理经营企业，就必须及时掌握各种信息，以确保决策的正确性，并可以通过控制手段尽量提高所获信息的准确性和真实性。因此，建立内部控制系统可以提高会计信息资料的正确性和可靠性。

2. 保证生产和经管活动顺利进行

内部控制系统通过确定职责分工，严格各种手续、制度、工艺流程、审批程序、检查监督手段等，可以有效地控制本单位生产和经营活动顺利进行、防止出现偏差，纠正失误和弊端，保证实现单位的经营目标。

3. 保护企业财产的安全完整

财产物资是企业从事生产经营活动的物质基础。内部控制可以运用适当的方法对货币资金的收入、支出、结余以及各项财产物资的采购、验收、保管、领用、销售等活动进行控制，防止贪污、盗窃、滥用、毁坏等不法行为，保证企业财产物资的安全完整。

4. 保证企业既定方针的贯彻执行

企业决策层不但要制定管理经营方针、政策、制度，而且要狠抓贯彻执行。

内部控制则可以通过制定办法、审核批准、监督检查等手段促使全体职工贯彻和执行既定的方针、政策和制度，同时，可以促使企业领导和有关人员执行国家的方针、政策。在遵守国家法律法规的前提下认真贯彻企业的既定方针。

5. 为审计工作提供良好基础

审计监督必须以真实可靠的会计信息为依据，检查错误，揭露弊端，评价经济责任和经济效益，而只有具备了完备的内部控制制度，才能保证信息的准确、资料的真实，并为审计工作提供良好的基础。总之，良好的内部控制系统可以有效地防止各项资源的浪费和错弊的发生，提高生产、经营和管理效率，降低企业成本费用，提高企业经济效益。

归纳起来，内部控制主要有以下作用：

（1）统驭作用。

内部控制涉及企业中所有机构和所有活动及具体环节，由点到线、由线到面、逐级结合、统驭整体。一个企业虽有不同的部分，但要达到经营目标，必须全面配合，发挥整体的作用。内部控制正是利用会计、统计、业务部门、审计等各部门的制度规划以及有关报告等作为基本工具，以实现综合与控制的双重目的，因此，内部控制具有统驭整体的作用。

（2）制约与激励作用。

内部控制是对各种业务的执行是否符合企业利益及既定的规范标准予以监督评价。合理的控制使企业各项经营按部就班，以期获得预期的效果。由此可见，内部控制对管理活动能发挥制约作用；严密的监督与考核，能真实反映工作业绩，稳定员工的工作情绪，激发员工工作热情及潜能，提高工作效率，因此，内部控制也能发挥激励作用。

（3）促进作用。

无论是管理还是控制，执行者必须依据企业的既定计划或政策目标，依据一定的规律对全部活动加以注意，发挥所长、力避所短，了解组织职能与各部门的相互关系，公正地检查和合理地评估各项业务。也就是说，执行者在运用内部控制手段时要重视制度设计、控制原则、了解业务部门的实际工作动态，从而及时发挥控制的影响力，促进管理目标的达成，因此，内部控制具有促进作用。

第二节　内部会计控制基础知识

一、内部会计控制的概念和目标

（一）内部会计控制的概念和分类

1. 内部会计控制的概念

内部控制是指单位为实现控制目标，通过制定制度、实施措施和执行程序对经济活动的风险进行防范和管控的过程。内部控制作为一项重要的管理职能和市场经济的基础工作，是随着经济和企业的发展而不断发展的。内部控制包括内部会计控制和内部管理控制两个子系统。而内部会计控制是一项十分重要的管理手段。它通过一系列制度的制定，工作组织的规划，程序的编排以及采取恰当的措施，来保证会计主体的财产不受损失和有效使用，保证会计数据的完整可靠，保证国家财经政策和内部管理制度的贯彻执行，作为内部控制的核心——会计控制尤为重要。

会计控制由"会计"与"控制"两个词构成。会计是经济管理的重要组成部分，它是通过收集、处理和利用经济信息，对经济活动进行组织、控制、调节和指导，促使人们权衡利弊、比较得失、讲求经济效果的一种管理活动。经济的发展和经济活动的复杂，要求会计不断地强化其对客观经济活动的调节、指导、约束和促进，也就是所说的会计控制职能。控制是现代会计的一项基本职能，这已成为人们的共识，也是人们对会计认识由现象到本质逐渐深入的必然结果。会计控制是会计管理活动论的必然结果，也是会计管理活动论的重要内容。

根据上述控制的含义，将"会计"与"控制"两者结合起来，可将会计控制理解为：会计管理部门为使会计主体的资金运动达到既定目标而对约束条件所采取的一系列有组织的活动。它包括预测、决策，制定利润和成本目标，进行费用和资金预算及分解，组织实施、考核等环节。

2. 内部会计控制的分类

根据控制主体的不同，会计控制可分为外部会计控制和内部会计控制。外部会计控制是指企业外部单位如国家、有关部门、中介组织等在被授权或者受托的情况下，对单位的会计工作和会计资料及其所体现的经济活动进行审查监督系统；而内部会计控制是指单位为提高会计信息质量、保护资产安全、完整，确保有关法律、法规和规章制度的贯彻执行而制定实施的一系列控制方法、措施和程序。内部会计控制不仅包括狭义的会计控制，还包括资产控制和为保护财产安全而实施的内部牵制。内部会计控制一般可以分为以下三种控制，即基础控制、纪律控制和实物控制。

（1）基础控制。

基础控制是通过基本的会计活动和会计程序来保证完整、准确地记录一切合法的经济业务，及时发现处理过程和记录中出现的错误。基础控制是确保会计控制目标实现的首要条件，是其他会计控制的基础，主要包括凭证控制、账簿控制、报表控制、核对控制四个方面的内容。

（2）纪律控制。

纪律控制是为保证基础控制能充分发挥作用而进行的控制，它主要包括内部牵制和内部稽核。内部牵制是一种以事务分管为核心的自检系统，通过职责分工和业务程序的适当安排，使各项业务内容能自动被其他作业人员核对查证，从而达到相互制约、相互监督的作用。它主要通过两种方式实现：从纵向看，每项经济业务的处理都要经过上、下级有关人员之手，从而使下级受上级监督，上级受下级制约；从横向看，每项经济业务的处理至少要经过彼此不相隶属的两个部门的处理，从而使每个部门的工作或记录受另一个部门的牵制。内部牵制的核心是不相容职务的分离，所谓不相容职务，是指集中于一个人办理时，发生错误或舞弊的可能性就会增加的两项或几项职务。内部稽核包括由单位专设的内部审计机构进行的内部审计和由会计主管及会计人员进行的内部审核。内部审计是企业内部一种独立的审核工作，以检查会计、财务及其他业务作为对管理当局提供服务的基础。它是一种管理控制工作，其功能在于衡量与评定其他控制工作的效率。与内部审计不同，内部审核则是由会计主管及会计人员事前或事后、定期或不定期地检查有关会计记录，并进行相互核对，确保会计记录正确无误的一种内控制度。此外，内部审计与内部审核的不同之处还在于，前者依据审计的有关法规进行，是内控制度的重要组成部分，是全面审查内控制度的专门组织；而后者主要依据会计法规进行，是会计控制制度的重要内容。除了内部牵制和内部稽核外，纪律控制的内容还包括来自企业领导、其他横向职能部门及广大职工的内部监督。

（3）实物控制。

实物控制是指为了保护企业实物资产的安全完整所进行的控制。一般包括以下几个方面的内容：

①建立严格的入库、出库手续。

②建立安全、科学的保管制度。其中，安全保管要求在选择库址、仓库设施、安全保卫方面都要有相应的制度；科学保管要求对财产物资分门别类地存放在指定仓库，并且在必要时应进行科学的编号，以便于发料、盘点。

③财产物资要实行永续盘存制，随时在账面上反映出结存数额。

④建立完善的财产清查制度，妥善处理清查中发现的问题。

⑤建立健全档案保管制度。

基础控制、纪律控制、实物控制是相互联系、不可分割的，对任何一方面的疏忽都会影响其他控制作用的有效发挥。总体来说，基础控制侧重于保证会计信息的质量，实物控制侧重于保护财产物资的安全完整，而纪律控制则是前两者得以最终实现的保障。

（二）内部会计控制的目标

目标是指人们在从事某项活动时预期所要达到的境地或标准。任何管理行为都是有目的的行为，内部会计控制作为一项管理活动也不例外。内部会计控制的目标是指内部控制对象应达到的目的或欲达到的效果。我国财政部颁布的《内部会计控制规范——基本规范（试行）》中明确指出，内部会计控制应当达到以下目标：

（1）规范单位会计行为，保证会计资料真实、完整。

（2）堵塞漏洞、消除隐患，防止并及时发现、纠正错误及舞弊行为，保护单位资产的安全、完整。

（3）确保国家有关法律法规和单位内部规章制度的贯彻执行。

这些目标从内部控制角度体现了不同利害关系人的利益要求，但随着公司制度的发展，研究内部会计控制的目标仅仅从这三个方面来考虑是不完善的。在现代企业制度中，股东(所有者)与管理当局(经营者)之间存在着利益不一致、信息不对称、契约不完备的"三不"问题，会计作为一个信息系统在现代公司治理机构中扮演着信息提供者的重要角色，必然成为所有者干预和控制经营者的手段之一。但由于存在着"内部人控制"，会计信息的生成在很大程度上由管理当局把持，他们可能出于自身利益的考虑编制虚假的信息来欺骗所有者。

因此，在现代公司治理结构下，内部会计控制的职责就是要协调所有者和经营者之间的利益和矛盾，找到两者的平衡点，其根本目标是加强企业内部经营管理，提高企业经营效率，实现企业价值最大化。企业经济效益的提高和价值最大化的实现既是所有者控制经营者的目的之一，也是经营者切实履行受托经济责任的目标。在现代公司治理结构下，按照这一根本目标构建的内部会计控制才能真正发挥作用。

二、内部会计控制的原则、内容和方法

（一）内部会计控制的原则

内部会计控制的原则是指企业建立和设计会计控制系统并且实施时，应当遵循并依据的客观规律和基本法则。内部会计控制原则的制定必须以会计控制的目标为依据，并要有助于目标的实现；同时，原则的制定要有助于切实指导会计控制的方法，成为会计控制系统顺利运行、控制工作顺利开展的保障。从会计控制在现代公司治理结构和企业内部管理中的地位来分析，会计控制应当遵循以下几条原则。

1. 合法性原则

内部会计控制的设计和实施必须符合国家有关法律、法规的规定和单位内部的实际情况。

2. 广泛约束性原则

广泛约束性是指内部会计控制制度对单位内部每一位成员都有效，都必须无条件地被遵守，任何人都无权游离于它之外、凌驾于它之上。单位内部会计控制制度作为单位内部的规章制度，一旦制定实施，上至单位领导及各部门负责人，下至普通员工，都必须人人遵守。单位管理层尤其是单位负责人必须带好头，以身作则，大力宣传，形成一个良好的氛围，以实际行动充分调动各个部门和每位员工的主动性和积极性，真正做到人人、事事、时时都能遵循内部会计控制制度。否则，内部会计控制制度即使制定得再合法、再完美，也只是一纸空文，发挥不了内部会计控制的作用。

3. 全面性原则

会计控制是对企业内部一切与会计相关活动的全面考核控制，并非对会计工作质量的局部性控制，因此不能"就会计论会计"，否则就会影响会计管理职能的发挥。因此，在设计会计控制系统时应以会计为中心，覆盖生产经营、管理等各环节，实施全面控制。

4. 重要性原则

作为企业的高层管理人员，应当将注意力集中于那些在业务处理过程中发挥作用较大、影响范围较广、对保证整个业务活动的控制目标至关重要的关键控制点上，抓住了关键点，就等于抓住了全局，因此，重要性原则就是要选择关键控制点，实施重点控制。

5. 内部牵制原则

内部牵制是指在部门与部门、员工与员工及各岗位间所建立的互相验证、互相制约的关系，其主要特征是将有关责任进行分配，单独的一个人或一个部门对任何一项或多项经济业务活动都没有处理权，必须经过其他部门或人员的查证核对。从纵向来说，至少要经过上下两级，使下级受上级的监督，上级受下级的牵制，各有顾忌，不敢随意妄为；从横向来说，至少要经过两个互不相隶属的部门或岗位，使一个部门的工作或记录受另一个部门工作或记录的牵制，借以相互制约。

会计控制体系的设计应当保证凡涉及企业内部会计机构、岗位设置及职权划分事项，坚持不相容职务相分离的原则，确保不同机构和岗位之间权责分明、相互制约、相互监督。

6. 成本效益原则

成本效益原则是从事任何经济活动都必须遵循的一项基本原则。单位建立和实施会计控制所花费的代价不应超过因此而获得的收益，即力争以最小的控制成本获得最大的经济效益。管理当局在设计会计控制时，要有选择地控制，并努力降低因控制而引起的各种耗费。

7. 动态的信息反馈原则

任何企业的会计控制都是针对企业所处的特定的内、外部环境和正常的经营活动所设计的，其作用很可能因环境的变化和业务性质的改变而削弱或失效。因此，必须对现行会计控制中的薄弱环节或存在的缺陷及不再适用的规章制度、措施、方法等进行修正、完善，以确保其有效性。

（二）内部会计控制的内容

按照《内部会计控制规范——基本规范（试行）》的规定，内部会计控制的内容主要包括货币资金、采购与付款、销售与收款、工程项目、对外投资、成本费用、担保等经济业务的会计控制。

1. 货币资金控制

货币资金是单位资产的重要组成部分，是流动性最强的一项资产。因此，货币资金的管理自然是内部控制的重点内容之一。对货币资金的控制，最主要的目标是保证货币资金的安全、完整。企业应建立良好的货币资金内部控制制度，以保证因销售等应收入的货币资金及时足额回收，并得以正确地记录和反映；所有货币资金的支出均能按照经批准的用途进行，并及时正确地予以记录；库存现金和银行存款等记录报告准确，并得以恰当保管；要正确预测单位正常经营所需的现金收支额，确保有充足又不过剩的现金余额。

2. 采购与付款控制

单位应当合理设置采购与付款业务的机构和岗位，建立和完善采购与付款的会计控制程序，加强请购、审批、合同订立、采购、验收、付款等环节的会计控制，堵塞采购环节的漏洞，减少采购风险。

3. 销售与收款控制

单位应当在制定商品或劳务等的定价原则、信用标准和条件、收款方式等销售政策时，充分发挥会计机构和人员的作用，加强合同订立、商品发出和账款回收的会计控制，避免或减少坏账损失。

4. 工程项目控制

单位应当建立规范的工程项目决策程序，明确相关机构和人员的职责权限；建立工程项目投资决策的责任制度，加强工程项目的预算、招投标、质量管理等环节的会计控制，防范决策失误及工程发包、承包、施工、验收等过程中的舞弊行为。

5. 对外投资控制

单位应当建立规范的对外投资决策机制和程序，通过实行重大投资决策集体审议联签等责任制度，加强投资项目立项、评估、决策、实施、投资处置等环节的会计控制，严格控制投资风险。

6. 成本费用控制

单位应当建立成本费用控制系统，做好成本费用管理的各项基础工作，制定成本费用标准，分解成本费用指标，控制成本费用差异，考核成本费用指标的完成情况，落实奖罚措施，降低成本费用，提高经济效益。

7. 担保控制

单位应当加强对担保业务的会计控制，严格控制担保行为，建立担保决策程序和责任制度，明确担保原则、担保标准和条件、担保责任等相关内容，加强对担保合同订立的管理，及时了解和掌握被担保人的经营和财务状况，防范潜在风险，避免或减少可能发生的损失。

（三）内部会计控制的方法

内部控制的方法是指实施内部控制所采取的手段、措施及程序等。内部控制的方法多种多样，针对不同的经济业务和不同的控制内容可以采取不同的内部控制方法，即使同样的经济业务，不同的单位、不同的时期，所采用的控制方法也不完全相同。此外，对同一经济业务或控制内容，也可同时采用几种不同的控制方法。

《内部会计控制规范——基本规范（试行）》中提到内部会计控制的方法主要包括不相容职务相互分离控制、授权批准控制、会计系统控制、预算控制、财产保全控制、风险控制、内部报告控制、电子信息技术控制等。

1. 不相容职务相互分离控制

这种控制方法要求单位按照不相容职务相互分离的原则，合理设计会计及相关工作岗位，明确职责权限，形成相互制衡机制。

所谓"不相容职务"是指那些如果由一个人担任，既可能发生错误或舞弊行为，又可能掩盖其错误或舞弊行为的职务。换言之，对不相容的职务，如果不实行相互分离的措施，就容易发生舞弊等行为。如物资采购业务，批准进行采购与直接办理采购即属于不相容的职务，如果这两个职务由一个人担当，就会出现该员工既有权决定采购什么、采购多少，又可以决定采购价格、采购时间等，如果没有其他岗位或人员的监督、制约，就容易发生舞弊行为。不相容职务分离的核心是"内部牵制"假设。因此，单位在设计、建立内部控制制度时，首先要确定哪些岗位和职务是不相容的，其次要明确规定各个机构和岗位的职责权限，使不相容岗位和职务之间能够相互监督、相互制约，形成有效的制衡机制。不相容职务主要包括授权批准、业务经办、会计记录、财产保管、稽核检查等职务，它要求不能由同一个人完成两项作业；不能由同一个岗位同时履行两项职责；不能由同一个部门同时负责两个岗位。

2. 授权批准控制

授权批准是指单位在办理各项经济业务时，必须经过规定程序的授权批准。这种控制方法要求单位明确规定涉及会计及相关工作的授权批准的范围、权限、程序、责任等内容，单位内部的各级管理层必须在授权范围内行使职权和承担责任，经办人员也必须在授权范围内办理业务。

授权批准形式通常有一般授权和特别授权之分：一般授权是指授权批准处理常规性的经济业务，这些规定在管理部门中采用文件形式或在经济业务中规定一般性交易办理的条件、范围和对该项交易的责任关系；特别授权是指授权处理非常规性交易事件，比如重大的筹资行为、投资决策、资本支出和股票发行等，如审批权限。特别授权也可以用于超过一般授权限制的常规交易。

3. 会计系统控制

会计系统控制要求公司单位依据《中华人民共和国会计法》和国家统一的会计制度，制定适合本单位的会计制度，明确会计凭证、会计账簿和财务会计报告的处理程序，建立和完善会计档案保管和会计工作交接办法，实行会计人员岗位责任制，充分发挥会计的监督职能。

会计系统控制主要是通过对会计主体所发生的各项能用货币计量的经济业务进行记录、归集、分类、编报等而进行的控制。其内容主要包括：①建立会计工作的岗位责任制，对会计人员进行科学合理的分工，使之相互监督和制约；②会计业务处理流程；③设计良好的凭证格式，规定合理的传递流程；④账簿格式、登记规则和程序，账簿体系和勾稽关系；⑤报表格式、体系、勾稽关系，编报要求和方法、结账规则和程序；⑥会计科目体系及核算内容的说明；⑦成本计算方法及核算程序。

4. 预算控制

预算控制又称为全面预算控制，是内部控制的一种重要方法，它要求公司单位加强预算编制、执行、分析、考核等环节的管理，明确预算项目，建立预算标准，规范预算的编制、审定、下达和执行程序，及时分析和控制预算差异，采取改进措施，确保预算的执行。预算内资金实行责任人限额审批，限额以上资金实行集体审判，严格控制无预算的资金支出。

5. 财产保全控制

财产保全控制要求单位限制未经授权的人员对财产的直接接触，采取定期盘点、财产记录、账实核对、财产保险等措施，确保各种财产的安全完整。

财产保全控制主要包括接近控制、定期盘点控制、妥善保管会计记录和保险。

接近控制主要是指严格限制无关人员对资产的接触，只有经过授权批准的人员才能接触资产。接近控制包括限制对资产本身的接触和通过文件批准方式对资产使用或分配的间接接触。一般情况下，对货币资金、有价证券、存货等变现能力强的资产必须限制无关人员的直接接触。

定期盘点是指定期对实物资产进行盘点，并将盘点结果与会计记录进行比较，盘点结果与会计记录如果不一致，说明可能资产管理上出现错误、浪费、损失或其他不正常现象，应当及时采取相应的措施加强管理。

妥善保管会计记录首先要限制接近会计记录的人员，其次应妥善保存，减少被盗、被毁的机会，最后对重要记录要备份。

保险指通过财产保险减少损失。

6. 风险控制

风险控制要求公司单位树立风险意识，针对各个风险控制点，建立有效的风险管理系统，通过风险预警、风险识别、风险评估、风险分析、风险报告等措施，对财务风险和经营风险进行全面防范和控制。

7. 内部报告控制

内部报告控制要求公司单位建立和完善内部报告制度，全面反映经济活动情况，及时提供业务活动中的重要信息，增强内部管理的时效性和针对性。

8. 电子信息技术控制

电子信息技术控制要求运用电子信息技术手段建立内部会计控制系统，减少和消除人为操纵因素，确保内部会计控制的有效实施；同时要加强对财务会计电子信息系统开发与维护、数据输入与输出、文件储存与保管、网络安全等方面的控制。

电子信息技术控制的内容包括两个方面：一是实现内部控制手段的电子信息化，尽可能地减少和消除人为操纵的因素，变人工管理、人工控制为计算机、网络管理和控制；二是对电子信息系统的控制，既要加强对系统开发、维护人员的控制，还要加强对数据、文字输入、输出、保存等有关人员的控制，保障电子信息系统及网络的安全。

三、内部会计控制的设计

（一）企业内部会计控制制度有效性的特征

通常一套有效的内部会计控制制度至少应具备以下几个特征。

1. 标准性

内部会计控制制度应该有一个考核评价的标准，它既能作为衡量各岗位及人员工作业绩的主要依据，也适用于内部会计控制制度有效性的考核和评价。

内部会计控制制度的标准可以分为定量标准和定性标准两大类：

（1）定量标准。

定量标准主要有实物标准、价值标准、时间标准：实物标准如产量、销售量等；价值标准如成本费用、销售收入、利润等；时间标准如工时定额、工期等。

（2）定性标准。

定性标准一般都难以量化，如组织机构设置是否合理就很难量化。尽管如此，为了使定性标准便于掌握，有时也应尽可能采用一些可度量的方法，建立有效的控制标准。管理者在设计内部会计控制制度时，首先必须建立和确定内部会计控制制度的目标和标准，对每一项具体的工作都应有明确的时间、内容、要求等方面的规定，包括综合性、概括性的目标和具体的分类目标，如利润计划、时间定额、标准成本等，以确保内部会计控制制度整体效用的发挥。为此，一是要尽量建立客观的衡量方法，对绩效应用定量的方法记录并加以评价，将定性的内容尽可能具体化；二是管理人员要从企业整体的角度来分析问题，避免个人的偏见和成见，特别是在绩效的衡量阶段。

2. 适用性

由于各个单位的管理目标、性质、特点及具体任务不同，单位的规模、组织结构、人员构成与素质也各不相同，其内部会计控制制度就有很大区别。大中型企业与小型企业组织结构、经营业务内容存在较大的区别，这就决定了其内部会计控制制度的繁简程度也不一样。

因此，管理当局在建立内部会计控制制度时，既要考虑到国家在一定时期的经济发展水平和宏观调控政策，更要根据本单位的经营业务特点与内外环境的实际情况，绝不能生搬硬套、盲目采用；否则，必将影响内部会计控制的有效性。

3. 全局性

企业作为一个有机整体，内部会计控制作为管理过程的一部分，应该与整个管理过程相结合,并对企业的整个管理活动进行监督和控制。因此,管理当局在设计和实施内部会计控制制度时,要从企业的整体利益出发,着眼于全局,注意内部会计控制制度的严密性与协调性,以有效组织、协调各业务活动及有关各方为单位整体目标的实现而努力,保证各责任中心的目标同单位总目标一致,各责任者的利益与单位的整体利益相一致。

4. 及时性

内部会计控制制度的目标之一就是保证相关信息的准确性与可靠性。现实情况复杂多变,单位的计划执行中有时会出现失常或发生未预料事件等特殊情况,因此,控制信息不仅要准确,更要及时;否则,内部会计控制系统可能会失效。一个真正有效的内部会计控制整体框架不仅应能反映其实施中的失常情况,而且还应该能够预测或估计未来可能发生的变化,及时发现可能出现的偏差,这一方面要求内部会计控制系统能及时准确地提供控制所需的信息,另一方面要尽可能采用前馈控制方式或预防性控制措施,一旦发生偏差,就针对发生的情况进行检测,使控制措施针对未来,更好地避免时滞问题,使纠偏措施的安排具有一定的预见性。

5. 灵活性

所谓灵活性即内部会计控制的基本结构要在具备相对稳定性的同时保留一定的弹性,以便适应未来的修订和补充。这就要求管理当局在制定内部会计控制制度时,一是要考虑到各种可能的情况而拟定各种应付变化的选择方案和留有一定的后备力量,并采用多种灵活的控制方式和方法,以使内部会计控制能保证在发生某些未能预测到的事件的情况下,如环境突变、计划失败、计划疏忽等,控制仍然有效;二是要充分发挥各职能部门的积极性和能动性。内部会计控制制度过松会给不法分子以可乘之机,导致内部会计控制制度失效,但控制制度过严,又会使经营管理活动失去生机与活力,影响员工积极性和主动性。有效的内部会计控制框架应允许各级管理人员针对其管辖的业务领域,制定具体的执行措施或实施办法,并根据变化的情况,自行修订已不适应的规章制度和控制措施,之后上报备案,以保证内部会计控制制度有效地发挥其应有的功能。

（二）企业内部会计控制制度的设计重点

1. 以防为主，查处为辅

各企业建立内部控制制度主要是为了防止单位的经营管理发生无效率和不法行为。因此，判断一项内部控制制度设计的好坏，首先应根据其防止错弊发生的效果来衡量，其次再考虑其对已发生的不法事件的揭露和处理情况。预防控制是一种事前和事中控制，例如，企业在组织控制、人事控制、程序控制、纪律控制中所制定和实施的各种政策、规定、预算、程序、手续等都属于预防性控制。进行预防控制首先应规定业务活动的规则和程序，并在企业内部设置有关的规章制度，保证业务活动能够有条不紊地开展，同时尽量避免经济运行中的错误、舞弊或浪费现象，例如，任用值得信任和有能力的人员，防止由于故意越轨行为而实行的职责分工；为防止资源不恰当使用而进行的明确授权；为防止发生不正当业务而建立的文件、记录以及恰当的记账程序；为防止将资产不恰当转换或占为己有而实施的资产实物控制等。在实行预防控制时还要注意，一定要预测到差错发生概率的高低及其可能造成的影响，并根据具体差错的特性采取有效措施，特别要注意多重措施和综合措施的采用。

当然，任何企业的管理者并不能完全保证事先制定的规则、程序、制度等能够得到有效的执行。为此，在坚持预防为主的前提下，还必须采取内部稽核、内部审计等方式，加大对事后不法或无效率行为的查处力度，多方面、多渠道堵塞漏洞，充分发挥制度的控制效能。例如，在企业成本控制中，根据事先制定的成本目标或既定的标准和预算，对企业各责任中心日常的生产经营活动，采用专门的方法进行严格的计量、监督、指导和调节，并根据发生的偏差，及时采取有效措施来指导和调节其行为。事后查处一般多是在错误或问题发生以后再进行检查或采取行动，其所造成的损失往往无法弥补，只是对以后的业务有所裨益。管理者在设计内部控制制度时，应注重预防性控制的事前和事中的引导匡正作用，尽量降低错弊发生的可能性及其所造成的损失。

2. 注重选择关键控制点

内部控制的全局性要求企业必须建立一个能涵盖其经营管理活动全过程的

内部控制整体框架。但对主管人员来说，随时注意内部业务活动的每一个环节，通常是浪费时间精力且没有必要的。内部控制工作的效率性也决定了管理者应当也只能将注意力集中于业务处理过程中发挥作用较大、影响范围较广、对保证整个业务活动的控制目标至关重要的关键控制点上，这同样适用于内部会计控制。

选择关键控制点的能力是管理工作的一种艺术，有效的控制在很大程度上取决于这种能力。目前在内部控制设计中运用比较普遍且比较有成效、能够帮助主管人员选择关键控制点的方法很多，诸如计划评审技术（又叫网络计划技术）、价值工程等，各企业管理者可结合其实际情况酌情选用。在具体选择关键控制点时，还应考虑以下几个环节：

（1）选择关键的成本费用项目。

成本控制制度是企业内部会计控制制度的一个重要组成部分，其合理性与有效性直接关系到企业的经济效益。传统的成本控制只是强调事后的分析和检查，主要侧重于严格执行成本开支范围和各项规章制度。随着市场竞争的加剧和产品寿命周期的缩短，现代企业尤其是加工制造业，其内部成本控制的重点应逐渐转移到产品投产前的事前控制，做好经营预测，通过开展价值工程活动，对产品的成本与功能关系进行分析研究，找到支出最大或节约潜力最大的产品或项目，然后利用因素分析法，找出主次因素，将影响成本费用项目的主要因素作为关键控制点，并采取恰当的控制措施，从而达到既能保证产品的必要功能，降低产品的寿命周期成本，又能满足消费者的需求，提高企业产品的经营管理水平和市场竞争力的目的。

（2）选择关键的业务活动或关键的业务环节。

应着重选择那些对企业竞争力、盈利能力有重大影响的活动或最易发生错误与舞弊且可能造成重大损失的环节进行监督和控制。一般情况下可将单位的主要业务分解为以下几个循环：销售与收款循环、采购与付款循环、生产循环、工薪循环、筹资与投资循环。此外，还有其他重要业务，如货币资金等。

（3）选择主要的要素或资源。

人、财、物、时间、信息技术等是企业赖以生存和发展的重要资源或要素，尤其是随着知识经济时代的来临，人力资源及信息对企业发展的重要性更为突出。市场竞争归根结底是人才的竞争，企业经营战略发展的各个阶段必须要有合格的人才作为支撑点，物流构成企业最基本的业务活动，信息是企业各项经营决策的重要依据，技术则是企业生产经营的重要保障。各项要素共同构成一个有机的系统。选择重要的要素或资源必须确保能抓住问题的关键，选择的依据就是对企业的竞争力、盈利能力影响重大或具有较大的节约潜力。

需要说明的是，不同的经济业务活动有着不同的关键控制点。在某项经济业务活动中属于关键控制点，而在其他业务活动中则有可能属于一般控制点，反之亦然。管理者应当根据管理或内部控制目标的具体要求、业务活动的类型、特点等来选择和确定其内部会计控制的关键控制点。

3. 注重相互牵制

相互牵制是以事务分管为核心的自检系统，通过职责分工和作业程序的恰当安排，使各项业务活动能自动地被其他作业人员查证核对。内部牵制主要包括：

（1）体制牵制。

体制牵制是指通过组织规划与结构设计，把各项业务活动按其作业环节划分后交由不同的部门或人员，实行分工负责，即实现不相容职务的适当分离，以防止错弊的发生，例如，在企业内部分别设置会计、出纳、验收、仓库保管等岗位，明确其各自的职责与权限。体制牵制主要采取程序制约，例如，规定会计凭证的处理程序和传递路线，一方面把单、证、账、表整个记录系统连接起来，使其能够及时、完整、准确地反映单位各项经济业务活动的全过程；另一方面把各职能部门连成一个相互制约、相互监督的有机整体，从而达到相互牵制的目的。

（2）簿记牵制。

簿记牵制即在账簿组织方面，利用复式计账原理和账簿之间的钩稽关系，互相制约、监督和牵制，一般主要是指原始凭证与记账凭证、会计凭证与账簿、账簿与财务报表之间的核对。

（3）实物牵制。

实物牵制即指对某项实物须由两个或两个以上的人员共同掌管或共同操作才能完成。

（4）机械牵制。

机械牵制主要采取程序制约，即利用既定的标准或业务处理程序来控制各个部门、岗位或人员。它采用的是程序牵制，属于典型的事前控制法，按牵制的原则进行程序设置，要求所有的业务活动都建立切实可行的办理程序。

（三）构建企业内部会计控制体系的思路

1. 建立内部会计控制制度

企业内部会计控制制度应包括：适当的内部单据以便集中责任；按照各主管和主要职员个别责任分类的会计科目表；会计方针和程序手册以及流程图；财务预算，包括详细的经营预算。

（1）适当的内部单据。

记载所有部门的作业，必须具有设计良好的表格和单据制度。如果没有这种文件，实质上就无从记载或控制业务部门的作业。内部所填制的单据也可以控制资产自甲部门转往乙部门的会计责任这类文件的副本提供凭证轨迹，一旦资产在部门间移动而发生任何短缺时，凭证就是追究责任的焦点。

内部单据如果由利益相互对立的两部门共同参与编制，可靠性就将大为提高。例如，生产部向存储部领取原料，生产通知单上经两部门的职员分别签字、盖章。后者具有"查明通知单上数量并未少列"的动机，否则就须负担货品短少的责任；同时，生产部也具有查明"记入制造成本的原料并未多列"的意愿。

（2）文件的顺序编号。

将文件加以顺序编号是普遍适用的内部控制方法。连续数字控制了所发文件的号码，支票、销货发票、订货单、股票和许多其他商业文件都要按照这种方式加以控制。某些文件（例如支票）须按月或按周检查所发文件的编号中每一个号码，其他像顺序编号的单据，只要注意每天所发的最后一个编号，就可据以计算当天发行单据的总面值达到控制的目的。未曾发出但已预先编号的单据,应该随时加以适当的保管和运用数码控制。

（3）会计科目表。

会计科目表就是将所使用的账户（会计科目）加以分类后编列成表,并附有每一账户内容、目的的详细说明。在许多的情况下账户分类不过是一份清单,分别列举即将在财务报表中出现的项目。比较好的方法是将会计科目表当作内部控制的工具,内中分设各类账户以记载职员、主管的个别责任。例如,零用金应单独由一位职员保管；如果利用账户以衡量个别责任,则应就零用金部分单独设立账户。

（4）会计方针和程序手册。

任何企业组织不论规模大小,都具有一套办理、记载和汇集交易事项的规定方法。这种程序应采用书面说明,以活页流程图的方式印制,并应随手续的变动而修改。会计程序以书面载明,管理当局的决策才能有效地一贯实施。同类交易事项的统一处理为产生可靠的会计记录、报表所需要,而交易的统一处理,也只有在全体职员完全熟悉日常交易事项的标准处理程序后才有可能。

（5）财务预算。

美国会计师协会在系统编拟预算指导中表示,企业的财务预算就是对未来一期（或多期）最可能的财务状况、经营成果和财务状况变动的估计,因而可成为管理当局评估实际绩效的标准。

最简单、最普通的预算形式就是现金预算,即财务主管按照收入来源与支出目的,预算大约在一年内现金收付的流动情形。现金预算的主要目的在确保随时备有足够的资金可供偿还到期的债务。此外,明确预期收入的来源和去向,可以使截留收入的欺诈舞弊易于揭发。同样地,详细计划现金支出,也可以威慑任何尝试篡改现金支付记录和可能盗用公款的人员。

较为广泛的预算包括：

①销售预算。包括按产品别、地域别的销货估计——根据以往销售业绩的分析、价格和营业量的目前趋势,以及对于新产品、销售区和推销术的评价而拟编。

②生产预算。按照销售预算中所需要的数量,详细列举各项产品所需原料

的数量和成本、人工以及在某种产量下的间接费用。

③销售成本预算。配合预定销售量并按产品、区域，估计销售成本、广告、运输、赊销、收账和其他费用，分别列作变动、半变动、固定等成本。

④厂房设备预算。包括取得新设备、保养现有设备的估计所需金额。

⑤现金预算。包括现金收入、付出、短期投资、借款、偿债的估计。

⑥财务预算。包括期间内的估计损益表、资产负债表和财务状况变动表。

整套预算是由编制下年度估计财务报表的汇总而成，并附有企业中各单元（诸如各区域、各部门或分支机构）的详细分析。在下年度中，应按月编制损益表，以比较预算数字和实际经营的结果。两者间的重大差异，应附详细的解释并将差异的责任予以认真的确认。

总之，预算是一种控制工具，可以借此建立整个企业明确的绩效标准。未能达到标准，即应通过差异报告提请各相关阶层的经理人员注意。

2. 财务风险的控制

企业的风险来自两个方面——经营风险和财务风险。其中，经营风险是指企业在不使用债务或不考虑投资来源中是否有负债的前提下，企业未来收益的不确定性，它与资产的经营效率直接相关；财务风险，是指由于负债筹资而引起的到期不能偿债的可能性。由于不同的筹资方式，表现为偿债压力的大小并不相同。主权资本属于企业长期占用的资金，不存在还本付息的压力，从而其偿债风险也不存在；而债务资金则需要还本付息，而且不同期限、不同金额、不同使用效益的资金，其偿债压力并不相同。因此，风险控制的一项重要内容是如何确定不同债务筹资方式下的风险，并据此进行风险的回避与管理。

由于财务风险是针对债务资金偿付而言的，因此，从风险产生的原因上可将其分为两大类：一是现金性财务风险，它是指企业在特定时点上，现金流出量超出现金流入量，而产生的到期不能偿付债务本息的风险；二是收支性财务风险，它是指企业在收不抵支的情况下出现的不能偿还到期债务本息的风险。

针对不同的风险类型，规避财务风险主要从两方面着手：

（1）对于现金性财务风险，应注重资产占用与资金来源间的合理的期限搭配,搞好现金流量安排。

为避免企业因负债筹资而产生的到期不能支付的偿债风险并提高资本利润率。理论上认为,如果借款期限与借款周期能与生产经营周期相匹配,则企业总能利用借款来满足其资金需要。因此,按资产运用期限的长短来安排和筹集相应期限的债务资金,是回避风险的较好方法之一。

(2)对于收支性财务风险,应做好以下三方面的工作。

①优化资本结构,从总体上减少收支风险。收支风险大,在很大意义上是由于资本结构安排不当形成的,如在资产利润率较低时安排较高的负债结构等。在资本结构不当的情况下,很可能由于出现暂时性的收不抵支,使企业不能支付正常的债务利息,从而到期不能还本。因此,优化资本结构,可从两方面入手:一是从静态上优化资本结构,增加企业主权资本的比重,降低总体上债务风险;二是从动态上,从资产利润率与负债利率的比较入手,根据企业的需要与负债的可能,自动调节其债务结构,加强财务杠杆对企业筹资的自我约束。

②加强企业经营管理,扭亏增盈,提高效益,以降低收支风险。无论是在企业债务的总量还是期限上,只要企业有足够的盈利能力,加强经营,提高效益,就能降低企业的收支性财务风险。

③实施债务重整,降低收支性财务风险。当出现严重的经营亏损,收不抵支并处于破产清算边界时,可以通过与债权人协商的方式,实施必要的债务重整计划,包括将部分债务转化为普通股票,豁免部分债务,降低债息率等方式,以使企业在新资本结构基础上,起死回生。

3. 优化内部会计控制的环境

(1)营造外部环境。

内部会计控制制度建设,企业是重点,国有企业是重中之重。因此,营造外部环境,首先,从政府角度,对内部会计控制制度的制定、指导、督查和处罚等只能归口财政。审计、税务、工商行政管理、银行及主管部门等无须介入,以免再度形成多头管理、重复检查等现象。其次,社会中介机构要把对单位内部会计控制制度的检查作为查账的重点,并做出客观公正的评价,但社会中介机构没有处罚权;反之,如果社会中介机构所做的评价不够客观公正,则应对其给予适当处罚。另外，为了充分发挥会计控制的作用，应改变现行会计管理体制，由所有者委派财务总监，领导会计机构及会计工作，财务总监对所有者负责，会计人员对财务总监负责。公司业务运行则由经营者全权负责，财务总监与经营者相互配合相互监督，通过财务总监使所有者与经营者达到激励相容。财务总监制的会计管理体制下，会计控制的范围不仅仅是账、证、表的相互核对与审阅，还应包括业务流程的标准化设计与控制；业务处理过程不相容职务的控制；事后的复核与分析控制；财产清查核对控制。此外，各公司还可根据自己的业务特点结合经营战略、管理方法设置其他必要的控制点。通过关键控制点的有效运行实现会计控制的目标——维护所有者权益，使会计提供的信息具有相关性与可靠性。

（2）营造内部环境。

完善法人治理结构，是指设计出一套使经营者在获得激励的同时又受到相应的约束，以保障所有者权益的机制。激励与约束的有效结合，将使经营者行为与所有者目标实现最大限度的一致。对经营者的约束，所有者可以利用业绩评价，或通过董事会利用公司章程规定经营者的权限范围，还可以派出监事会直接监督经营者的代理权，以维护所有者权益；对经营者的激励可以尝试推行年薪制与股票期权计划，使经营者利益与股东利益相结合。

营造一个良好的企业氛围，具体包括：

①员工诚实，有正确的道德观，企业有描述可接受的商业行为、利益冲突、道德行为标准的行为准则。

②员工具有胜任工作、适应企业管理要求的能力。

③企业设有董事会或审计委员会，且独立于管理层。

④企业有正确的管理哲学和经营方式，如管理层对人为操纵的或错误的记录的态度。

⑤企业建立的组织结构，能够使信息到达合适的管理阶层。

⑥企业有明确的授予权利和责任的方式，如对关键部门的经理的职责有充分的规定。

⑦设有人力资源政策，并得以贯彻实施，如有关于雇佣、培训、提升和奖

励雇员的政策。

提高管理者的专业管理知识，企业内部会计控制水平的高低很大程度上取决于管理者的管理水平，管理者的管理理念与管理风格决定了企业的控制方式。要想使企业迈上专业化轨道，管理者必须以专业化、国际化的管理知识取代经验型、勇气型、家族式的管理，必须接受专门的管理培训，学习系统的管理知识。

充实内部会计控制人员的知识结构，财务人员要真正担当起内部会计控制的重任，更新知识，提高操作能力就显得刻不容缓。没有相应的知识支持，内部会计控制不可能完全到位，同时内部控制主要是做人的工作，需要相应的知识、指挥和协调工作能力，培养这样的"全才"，应采取一定的措施，组织有关专家、学者和企业家就内部控制建设的理论和实务进行经验交流，推广先进企业的做法，并对有关人员进行培训。

4. 提高会计人员的业务素质及职业道德

（1）提高会计人员的业务素质及职业道德，是治理会计信息失真、使会计控制有效发挥作用的重要条件。

所有的内部控制都是针对"人"这一特殊要素而设立和实施的，再好的制度也必须由人去执行，员工既是内部控制的主体，又是内部控制的客体，可以说，会计人员的品行与素质是内部会计控制效果的一个决定因素。人员品行与素质包括企业对员工价值观、道德水准和业务能力（包括知识、技术与工作经验）的要求。其中管理者的素质与品行起着绝对重要的作用。制度是由人制定的，内部会计控制的有效性无法超越那些建立、管理与监督制度的人的操守及价值观。

（2）提高会计人员业务素质及职业道德的途径。

内部会计控制的成效关键在于会计人员业务素质的高低程度与职业道德的好坏，为了保证员工忠诚、正直、勤奋、有效的工作能力，以保证内部会计控制的有效实施，可以采取以下措施：

①从人事部门做起，建立一套严格的招聘程序，对所招人员的业务素质与职业观有一个全面的考核与评估，并酌情对以前的工作情况进行调查，以更全面地了解一个人的做事方式、道德品质等情况，保证应聘的人员符合招聘的要

求。在员工未正式上班之前,让他们去感受企业的文化;了解公司的规章制度、组织结构及相应的工作环境;明确自己的工作范围、工作职责,以便更好地适应环境、投入工作。

②制定员工工作规范,对每一个工作岗位、工作人员,都应该有详细、完善的工作岗位、工作职责描述;制定每一位员工的年度工作计划、年度评估标准,用以引导考核每一位员工的行为。

③定期对员工进行培训,包括会计专业知识的培训,专业技能的培训,企业文化、职业道德、社会道德的培训,创造进一步深造学习的机会。

④加强考核和奖罚力度,定期对职工业绩进行考核,奖惩分明。

⑤工作岗位轮换,可以定期或不定期地进行工作岗位轮换,通过轮换及时发现存在的错弊情况,使会计人员对整个的会计工作有更全面、更深入的了解,可促进会计人员本身的发展,也有助于会计工作的提高、改善。

会计职业道德完善升华是指在实施企业内部会计控制的过程中,通过"他控"和"自控",促使职业会计人员进一步树立并增强正确的会计职业良心和职业责任感,进而达到会计职业道德不断完善与升华的一种状态。从某种意义上说,内部会计控制的过程,也是会计职业道德的自律过程。

因此,就职业会计人员而言,能够促使其会计职业道德的不断得到完善与升华,是实施企业内部会计控制的最高尚的目标和精神境界。

(四)设计内部会计控制制度的方法

单位内部会计控制制度设计方法主要有文字说明方式和流程图方式两种:

1. 文字说明方式

文字说明方式就是用文字说明会计控制设计的有关内容,这种方法是内部会计控制设计中使用最多的方法。

2. 流程图方式

流程图方式是指用一定的图形反映各项业务的处理程序,这种方法一目了然,更容易被人们理解和掌握,有利于大大提高工作效率。

第七章 货币资金的内部会计控制

第一节 货币资金控制程序

一、现金收支业务流程控制

货币资金中库存现金和银行存款所占比重较大，因此货币资金内部控制的重点就是对现金和银行存款实施内部控制。

（一）现金收支业务基本流程

按照我国财政部发布的《现金管理暂行条例》及现金核算办法等规定，办理现金收支业务，通常需要按照下述业务处理程序进行。

1. 授予权限

单位决策层或者部门负责人按照组织机构的设置情况对相关人员授予办理有关现金结算的权限。其中主要是对现金支付业务进行审批的授权，因为只有经过授权审批人批准的款项才能由出纳人员办理支付。

2. 制取原始凭证

单位发生有关现金收支业务必须填制或者取得原始凭证，作为自制原始凭证，经办人员必须在上面盖章，作为收付现金的书面证明。例如，支出采购货款，要取得对方的销货发票和本单位的验货入库单作为付款的证明；企业向银行提取现金，要签发现金支票，以支票存根作为提取现金的证明；收到职工的交款，应该以开出的收款收据作为收款的证明。

3. 审签原始凭证

业务部门负责人对原始凭证审核签章，证明经济业务的真实性。只有经过部门审核的原始凭证才能递交给会计部门。例如，企业向银行提取现金，要由出纳员在现金支票上注明款项用途并签章，财会部门负责人审核后加盖财务专用章；支付采购货款，要由采购员在相关凭证上签字，采购部门负责人审签。

4. 审核原始凭证

会计部门收到有关现金收支业务原始凭证后，由会计主管或者授权的主办会计负责对其进行审核，如果现金支付项目超过授权审批的范围，应上报领导审核签字，不能进行越权审批。对于不符合规定的凭证，不予受理或者责成经办人员补办手续。

5. 编制记账凭证

主办会计根据审核后的原始凭证，填制收款凭证或者付款凭证。会计审核原始凭证并填制报销凭单，相关各领导签字后，出纳员再次审核原始凭证和填写金额并报销现金或开具支票。出纳员不定期地按照提取的现金支票存根和相应金额的报销凭单加盖收、付讫章后交会计记账。会计记账后将原始凭证会同记账凭证一同交与出纳员，由出纳员登记日期并记账。

6. 复核凭证

稽核人员或者指定人员对收、付款凭证进行复核，应特别注意复核是否存在越权审批，复核合格后签章，通知出纳员办理现金的收付。具体地说，包括查看发票的真假、核对票面金额与合同单价和金额是否相符、核对发票数量与入库单数量是否一致、审核有关人员是否签名，如果是增值税专用发票要核对是否超过抵扣期限等。

7. 收付现金

出纳员按凭证所开列金额收付现金，并在凭证上加盖"收讫""付讫"戳记。一般来说，必须遵循下列原则：

（1）营业前，经办现金收付的出纳人员按照工作需要和便于操作的要求，将出纳机具、办公用品合理、科学地摆放在适当位置。

（2）办理现金收付业务必须配备专职出纳员，坚持"钱账分管、双人临柜"的原则，必须做到换人复核、手续清楚、责任分明。

（3）收入款项和付出款项应分别放置、保管，不得混放在一起或收付抵用。当日收入的现金作为当日付出使用时，必须经过整点复核，并应轧平现金账，核对收入无误后，按规定办理款项交接手续，方可对外支付。

办理现金收付，必须坚持"收入现金先收款后记账，付出现金先记账后付款"的原则。做到当面点准，一笔一清，不得混淆，日清日结。

收付大宗现金，必须做到先点捆、卡大把、核对封签、散把点数。拆捆时，确认每捆10把后，再拆捆。

8. 登记日记账

出纳人员根据复核后的收、付款凭证，登记现金日记账。现金日记账通常由出纳人员根据审核后的现金收、付款凭证，逐日逐笔顺序登记。同时，由其他会计人员根据收、付款凭证，汇总登记总分类账。对于从银行提取现金的业务，由于只填制银行存款付款凭证，不填制现金收款凭证，因而现金的收入数，应根据银行存款付款凭证登记。每日收付款项逐笔登记完毕后，应分别计算现金收入和支出的合计数及账面的结余额，并将现金日记账的账面余额与库存现金实存数相核对，借以检查每日现金收、支和结存情况。

9. 登记明细账

主办会计根据复核后的收、付款凭证，登记相关明细账。明细分类账簿亦称明细账，是根据各单位的实际需要，按照总分类科目的二级科目或三级科目分类设置并登记全部经济业务的会计账簿。根据经济管理的需要和各明细分类账记录内容的不同，明细账可以采用三栏式、多栏式和数量金额式三种格式。

10. 登记总账

总账会计定期编制汇总记账凭证，经过复核后登记现金总分类账。总分类账账页中各栏目都必须填写清楚，这些栏目包括日期栏、凭证字号栏、摘要栏、对方科目栏、借贷方金额栏、借或贷栏等。

11. 清点现金

出纳员每日营业结束后，结出现金日记账的收入、支出、余额，同时清点库存现金，进行账实核对。出纳员的现金日记账余额必须与库存现金的实际金额一致，如果不一致则必须查找原因，若查找不出不一致的原因，出纳员必须及时向负责人报告。

12. 送存银行

对于超过库存限额的现金，由出纳员及时送存银行，并收取现金进账回单。

13. 核对账簿

月末由稽核员或者其他非记账人员对现金日记账、有关明细账及总账进行核对，如果发生差异，应及时查明原因上报后予以处理。

14. 盘点库存

除了出纳员在每日营业结束时必须盘点库存现金以外，单位还必须定期或者不定期由内部审计人员、会计主管和相关人员组成清查小组对库存现金进行盘点，并与现金日记账余额进行核对，根据清点结果编制现金盘点报告。

（二）现金收支业务流程控制要点

企业根据规模的不同，其现金收支业务流程的复杂程度也可能存在差异，但是对于上述基本业务流程，应把握其中的关键环节，抓重点才能有效地对内部会计进行控制。现金收支业务流程的控制大致由以下内容组成。

1. 以实际发生的经济业务为基础

现金的收支必须以真实发生的经济业务事项为基础，也就是必须取得真实合法的原始凭证，没有真实合法的原始凭证不得进行现金的收支活动。因此，对原始凭证的审核成为现金收支业务控制的重点之一。

2. 原始凭证的审核

原始凭证的审核可以分为以下几个层次：

（1）初级审核由业务部门的负责人完成，主要证明经济业务的真实性。

（2）第二层次的审核由会计或财务部门负责人完成，主要负责审核报销的原始凭证是否符合财经规定和企业内部管理的要求。

（3）第三层次的审核由出纳员完成，主要审核是否有假发票等虚假单据。

（4）最高层次的审核由单位负责人完成，主要是对重大的现金收支项目进行最终审核，保证现金收支的安全性。

3. 账账核对、账实核对

进行账账核对和账实核对也是发现现金收支业务中是否存在舞弊行为的有效措施，是现金收支业务控制的另一个重点。企业会计或者财务部门应组织专门的人员对涉及现金收支的相关账簿进行定期核对，对库存现金进行定期或者不定期盘点，发现差异，应立即查找原因并追究相关人员的责任。

二、银行结算业务流程控制

（一）银行结算业务的基本流程

银行存款业务流程，包括银行存款收入和支出结算程序。银行结算方式主要包括支票、银行本票、银行汇票、商业汇票、托收承付、委托收款、汇兑和信用证等，企业可以根据需要进行选择。不同的结算方式，其业务流程和结算手续也存在一定差别。下面简要介绍共同业务的一般程序。

1. 授予权限

与现金授权相似，单位决策层或部门负责人根据单位规定和业务需要，授予相关人员办理涉及银行存款收支的权限。

2. 签订结算契约

经办人员办理经济业务，应与对方商定收付结算方式和结算时间，并以合同或其他契约方式加以明确。

3. 制取原始凭证

业务经办人员按照财务会计制度规定，填制或者取得原始凭证，如为自制原始凭证，经办人员必须在上面签章，作为办理银行存款收、付业务的书面凭证，如取得购货发票、开具销货发票等。

4. 审签原始凭证

业务部门负责人或授权人员对原始凭证审核签字，批准办理相关结算手续。

5. 审核原始凭证

会计主管或者授权人员审核原始凭证及其反映的经济业务，批准办理银行存款收支结算，对于不合规定的凭证，应拒绝受理或责成经办人员补正手续。

6. 制取结算凭证

出纳员根据已经审核的原始凭证，按照会计规定的手续和结算方式填制或取得银行存款结算凭证。如办理货款托收需填制托收承付结算凭证、办理货款承付需取得银行承付通知单等。

7. 办理结算业务

出纳员送交或留存结算凭证及有关记录，向银行办理存款收付业务。

8. 审核结算凭证

会计主管或授权人员审核结算凭证回联，并与原始凭证进行核对。

9. 编制记账凭证

会计人员根据审核的结算凭证及原始凭证，编制银行存款收、付凭证。

10. 复核记账凭证

稽核员或指定人员复核记账凭证及所附结算凭证、原始凭证。

11. 登记日记账

出纳员根据复核后的记账凭证逐笔登记银行存款日记账。银行存款日记账的审核包括三个环节：第一，银行存款日记账与银行收付凭证相互核对，做到账实相符；第二，银行存款日记账与银行总账要相互核对，做到账账相符；第三，银行存款日记账与银行存款对账单要相互核对，以便准确掌握企业可运用的银行存款实有数。

12. 登记明细账

相关会计人员根据复核后的记账凭证，登记相应的明细分类账。

13. 登记总账

总账会计定期编制汇总记账凭证，经复核后登记银行存款总账分类。

14. 核对账单

定期由非出纳人员逐笔核对银行存款日记账，与银行对账单进行核实，清查未达账项。

15. 编制调节表

由对账人员编制银行存款余额调节表，经审核后作为调账核对的依据。编制银行存款余额调节表的一般步骤如下：

首先，检查银行寄来的对账单及所附的借方和贷方通知单，逐一核对各笔收入款与企业存入银行的款项是否相符。凡是银行尚未入账的，需在调节时加在银行对账单的余额上。

其次，将在本月已经兑付注销的支票，按照支票号码顺序一一排列，与现金支出日记账上的记录逐一加以比较核对。

再次，从银行记载的往来银行的存款余额上应扣除企业尚未入账的、由银行随银行对账单附送的借项通知单上的金额。

最后，从企业记载的往来银行的存款余额上应扣除企业尚未入账的、由银行随银行对账单附送的贷项通知单上的金额。

16. 核对账簿

月末由稽核员或非记账人员对银行存款日记账、有关明细账和总分类账进行核对，如果发生差异应及时查明原因并上报予以处理。

（二）银行结算业务流程控制要点

由于现金结算金额的限制，企业在商品交易过程中，可能会更频繁地使用银行结算方式，因此必须把握银行结算业务控制的重点。

银行结算方式具有多样性，相关人员在进行商品交易或提供劳务等经济活动过程中必须首先与对方签订合同契约，确定适当的银行结算方式。结算方式的确定应符合企业内部的规定或事前应得到相关负责人的批准，为避免不必要的损失，经办人员不得擅自确定结算方式。

与现金收支相似，进行银行结算也必须以真实发生的经济事项为基础，并且必须取得正式合法的原始凭证。对原始凭证的审核是银行结算控制的重点，其审核的原则与现金收支类似，此处不再赘述。

此外，进行账账核对和账实核对对银行结算也同样重要。为确保账实相符，应定期由会计或财务部门的非出纳人员将银行对账单和银行存款日记账进行核对，编制银行存款余额调节表，确定企业账面记录是否与银行存款相一致。对账账核对和账实核对中发生的非正常差异，应组织专人查明原因，及时处理。

三、货币资金收支业务控制程序示例

不同企业由于生产经营特点不同，货币资金具体控制程序以及相应模型也存在差异。下面介绍几种常见的货币资金收支业务程序控制模型。

（一）出纳部门收入现金程序的控制

1. 出纳部门收入现金的控制流程

企业的小部分零星现金收入可能会通过出纳直接进行，如客户的小额违约金、押金等。出纳部门直接收取现金的控制流程大致由以下环节组成：

（1）由业务部门开具收款通知单，如果是商品销售，收款单应附销售商品的相关明细单据，收款通知单由业务部门的主管人员审核签字，对一些大额重要的收款除了业务部门的主管人员审核签章以外，单位负责人也要审核签章。收款通知单一式多联（具体联数视需要确定），业务主管部门留存一联，送交财务部门一联，其余联数交给缴款人作为缴款凭据。

（2）出纳员根据收款通知单所列明的数额收取现金，同时开具一式多联的收据（或发票）。一联收据（发票）送交客户，一联收据（发票）出纳留底与业务部门签发的收款通知单一起作为登记现金日记账的依据。

（3）出纳员定期将留底的收据（发票）和收款通知书送交会计员，由会计员与业务部门送交的收款通知单核对无误后，编制记账凭证登记相关明细账和总分类账。

（4）会计员的现金总分类账要定期与出纳员的现金日记账核对。

2. 出纳部门收入现金的岗位分工和控制方法

出纳部门收入现金的岗位分工和控制方法如表7-1所示。

表 7-1　出纳部门收入现金的岗位分工和控制方法

岗位分工	业务部门	出纳员	会计
职责	审核业务性质，明确收款范围及收款金额	收取保管现金，将现金送存银行，登记现金日记账和银行存款日记账	登记现金总账、银行存款总账、收入明细账
控制方法及手段	业务主管人员开具收款单，由业务部门领导审核，金额大或重要的收款业务须经单位领导审核批准	审核现金收款单，收入现金后，签字盖章予以确认	审核出纳员转来的现金收据（发票）与业务部门送来的现金收款单核对，编制记账凭证
控制工具	现金收款单、销售商品的明细表	现金收据（发票）、现金日记账、银行存款日记账	记账凭证、现金总账、银行存款总账、收入明细账
控制关系	1. 会计员的现金收款单与出纳员转来的收据（发票）核对相符； 2. 出纳员的现金日记账、银行存款日记账与会计员的现金总账、银行存款总账核对相符 3. 由出纳直接收款的内部控制要点		

在表 7-1 的内部会计控制的环节中，控制的关键点在于：首先，收款通知单必须由业务部门开出，经审核后才能交给出纳，未经业务部门内部审核的收款单应视为无效凭证；其次，出纳只能根据审核后的收款单金额收款和开票；再次，现金日记账和现金总分类账由出纳员和会计人员分别登记并保管；最后，现金总账与现金日记账必须定期核对。

（二）门市部门收入现金程序的控制

1. 门市部门收入现金的控制流程

对一般的企业而言，大部分货款是通过银行结算方式收取的。但是，如果企业为加强营销，也可能自己设立门市部门，面向最终客户直接进行销售。此外，零售商场都是直接面向客户的直接销售。在这种情况下，门市（零售商场）部门应加强对销售和收款环节的控制。控制环节由以下内容组成：

（1）由销售人员按照实际销售金额开出销售票据（注意：不是发票），具体一式几联视实际情况决定。

（2）由缴款人持销售票据到收银台缴款，收银员按销售票据收款后在销售票据上加盖货款收讫章，将其中一联留下，其余几联返还缴款人，缴款人凭款项收讫的销售票据提取商品。

（3）销售人员根据货款收讫的销售票据将商品交给客户，留存其中一联，将销售票据的客户联交与顾客，客户凭销售票据到财务部门开具发票。

每日营业结束，销售人员根据留存的销售票据统计当日销售情况，编制销售日报表（一式几份根据实际情况决定）。随后，将销售票据附在销售日报表后送交会计部门的出纳员。

（4）收银员根据留下的销售票据统计当日货款的收入情况，编制现金收入日报表（一式几份视实际需要决定），现金收入日报表的金额必须与实际收取的现金核对无误。随后，将留存的销售票据附在核对无误的现金收入日报表之后，与实际收入的现金一起交给出纳员（也有的单位是由收款人员直接将现金交存银行，将银行的进账单作为缴款的依据送交出纳员）。

（5）出纳员将销售部门提交的销售日报表上所列金额和收款人员的现金收入日报表所列金额核对无误后，按现金收入日报表所列金额点收实际收到的现金。现金点收完毕，出纳员和收银员应分别在现金收入日报表上签字确认。经签字确认的现金收入日报表，一份返还收款人员，一份留存作为登记现金日记账的依据。

（6）出纳员应定期将收到的销售日报表、现金收入日报表送交会计人员，由会计人员编制记账凭证,登记现金总分类账、银行存款总分类账及其他相关明细分类账。月末结账时,会计人员的总分类账余额应当和出纳员的现金日记账、银行存款日记账余额核对相符。

2.门市部门收入现金的岗位分工和控制方法

集中收取现金控制流程中的岗位分工和控制方法如表 7-2 所示。

表 7–2 门市部门收入现金的岗位分工和控制方法

岗位分工	销售员（柜台）	收款员	出纳员	会计
职责	销售商品、开具销货票	收取现金,将现金交出纳员	集中收取保管现金,将现金送存银行,登记现金日记账和银行存款日记账	登记现金总账、银行存款总账、收入明细账
控制方法及手段	注明销售的商品数量、金额、经手人及所在商品柜台	根据销货票收款,在已收款的销货票上盖货款收讫章及经手人章	审核现金收入日报表,现金收入日报表的金额与实际交纳现金一致,填写现金交接单,分别由收款员和出纳员签字认可	审核收入日报表和银行存款进账单编制记账凭证
控制工具	销货票据、销售日报表	货款收讫章、现金收入报表	现金交接单、现金日记账、银行存款日记账	记账凭证、现金总账、银行存款总账、收入明细账
控制关系	1.销售员的销售日报表与收款员的现金收入日报表核对相符; 2.收款员的现金收入日报表与出纳员的现金日记账核对相符; 3.出纳员的现金日记账收入银行存款日记账与会计员的现金总账、银行存款总账核对相符			

注意:在表 7-2 的内部会计控制的环节中,省略了一个环节。如果购买商品的客户需要发票,在收款员收完款以后,客户可以凭加盖了货款收讫章的销货票,到指定的开票地点开具发票(一般情况是到财务部门开具发票),有的单位(特别是零售单位)也把这项工作作为收款员的职责之一,即收款员在收款的同时向客户开具发票。

3. 门市部门收入现金内部控制要点

门市部门收入现金程序控制的关键点在于岗位分离和账证、账表的核对。

（1）岗位分离是指销售人员、收款人员、出纳员、记账人员相分离。销售人员负责销售，不得接触收入现金事宜；收款人员负责收款，并及时将现金交存出纳员处，不负责销售和现金保管工作；收款人员的收款依据是销售人员开具的销售票据，不得任意收取没有销售票据的款项或收取超过销售票据金额的款项；出纳员负责集中收取并保管现金，将现金及时交存银行，不负责收款和销售；记账人员负责记账，不直接经手现金收支业务。

（2）账证、账表核对是指销售员的销售日报表与收款员的现金收入日报表核对相符；收款员的现金收入日报表与出纳员的现金日记账核对相符；出纳员的现金日记账、银行存款日记账与会计员的现金总账、银行存款总账核对相符。

（三）费用报销现金支付程序的控制

1. 费用报销现金支付的控制流程

企业各项业务发生费用支出时要按照一定的程序进行报销，如报销差旅费、业务招待费等。费用的报销应由业务部门相关人员根据原始凭证填制费用报销单，经本部门主管内部审核签字后交会计部门。会计主管或授权的会计人员再对其进行审核签字，经审核签字的报销单交给出纳员办理付款，出纳员付款后登记现金日记账并将报销单返还给会计人员登记相关明细账。

2. 费用报销的岗位分工和控制方法

费用报销的岗位分工和控制方法见表7-3。

表 7-3　费用报销的岗位分工和控制方法

岗位分工	业务部门	会计员	出纳员
职责	指派或发生相关业务，如出差、采购商品、购买办公用品等	审核原始凭证的真实性，审核费用发生的合规性及费用开支标准的合理性，登记费用账等	根据审核无误的支付凭证报销费用，登记现金日记账或银行存款日记账
控制方法及手段	提供经济业务发生的发票单据等原始凭证，并证明这些发票单据确实是为了完成这些经济业务而发生的	对审核无误的费用报销单签字认可	核对各项原始凭证与费用报销单的金额
控制工具	承办人员填写的费用报销单，承办人员和业务主管部门负责人签字认可的各种原始单据等	记账凭证、现金总账、银行存款总账、收入明细账	现金日记账、银行存款日记账

3.费用报销支付现金的内部控制要点

费用报销程序控制的关键点在于：必须根据合法的原始凭证填制费用报销单；费用报销单必须经过部门主管和会计主管审核签字后才能予以付款；应定期对总账、明细账与日记账进行核对。

（四）支票付款结算程序的控制

1.支票付款的结算控制流程

支票付款是使用最广泛的结算方式，企业在购入货物或者劳务时通常会通过开具支票的方式与对方进行结算，为确保现金流出的正确性，应特别注意支票付款结算的程序控制。业务部门收到外单位付款通知单或者自制付款通知单后，经部门主管进行内部审核签字，然后交会计部门。会计部门主管根据原始凭证对付款业务进行审核签字，再交给出纳员签发支票，出纳签发支票后在登记簿上登记支票金额、编号、付款单位等，最后由出纳员和会计人员根据银行回单分别登记银行存款日记账和相关明细账。

2. 支票付款的内部控制要点

支票付款程序控制的关键点在于：支票签发前，付款通知单必须经过业务部门主管和会计主管审核签字；支票签发时应进行备查登记；签发支票的印鉴章由不同的人员分开保管；应定期对总账、明细账与日记账进行核对。

第二节　货币资金控制制度

了解和熟悉了企业内部控制的程序之后，企业应该结合自身的经营特征，按照内部控制设计的原则，制定货币资金内部控制制度，形成正式的书面文档，供全体员工遵守执行。

一、建立货币资金内部会计控制制度的原则

（一）职务分离原则

对于货币资金的收入与支付，一般都要经过授权、执行、记录、审核、保管等几个环节，这些环节应由两个或两个以上的人员合理分工，共同负责，以达到相互牵制的目的，这就是通常所说的不相容的职务分离的原则。进行职务分离有利于实现货币资金控制的目的。货币资金业务需要分离的职务主要有以下七种：

（1）出纳员和会计人员职务相分离，出纳员专门负责货币资金业务的管理。

（2）出纳员不得兼管收入、费用、债权、债务账簿的记账工作。

（3）出纳员和编制收付凭证的会计人员不能负责编制银行存款余额调节表。

（4）出纳员不得负责稽核工作和会计档案的保管工作。

（5）货币资金业务的全过程不能由一人单独办理完成。

（6）对货币资金的清查应由出纳员之外的会计或审计人员完成。

（7）定期或不定期地调换出纳员的工作，实行会计人员内部轮换制度。

（二）授权审批原则

办理货币资金业务的相关人员必须经过授权和批准，授权批准控制要求规定相关人员的职责范围和业务权限，相关人员只能在其职责范围内处理业务，这样可以加快业务的处理速度，防止相互推诿现象的产生。企业可按照下列要点进行授权批准：

（1）对货币资金业务建立严格的授权批准制度，明确审批人对货币资金业务的授权批准方式、权限、程序、责任和相关控制措施，规定经办人办理货币资金业务的职责范围和工作要求。

（2）审批人应当根据货币资金授权批准的规定，在授权范围内进行审批，不得超越审批权限。

（3）经办人应当在职责范围内，按照审批人的批准意见办理货币资金业务。对于审批人超越授权范围审批的货币资金业务，经办人员有权拒绝办理，并及时向审批人的上级授权部门报告。

（4）对于重要货币资金支付业务，应当实行集体决策和审批，并建立责任追究制度，以防止贪污、侵占、挪用货币资金等行为的发生。

（5）严禁未经授权的机构或者人员办理货币资金业务或者直接接触货币资金。

授权批准可以分为一般授权和特殊授权两种：前者是授予相关人员处理正常范围内经济业务的权限；后者是授予相关人员处理超出一般授权范围时的特殊业务的权限。进行授权控制时，应特别注意其范围，范围太大，会使企业控制风险增加；范围太小又会影响人员的积极性，使授权批准形同虚设。

二、货币资金内部会计控制制度的内容

在充分考虑以上授权审批原则的基础上，根据程序控制要求，企业应建立现金收支控制制度、定额备用金制度、现金预算管理制度、银行存款控制制度、

其他货币资金控制制度、票据和印章的保管制度等内部控制制度。

（一）现金收支控制制度

1. 现金收入控制制度

现金收入的控制制度应当由以下几方面的内容组成：

（1）现金收入由授权收款的收银员（收银员、出纳员）专人负责，收款员只负责收款，不得开具收款单。

（2）收款单由业务部门人员开具，如销售员等，单据必须连续编号。

（3）现金收款必须根据相关人员提交的原始凭证（收款单）进行。

（4）每天收到的现金，应在当日或次日存入开户银行，不得"坐支"。

（5）会计部门根据收款单编制收款凭证。

（6）出纳员和会计部门根据收款凭证分别登记现金日记账和相关明细账。

（7）定期进行账账核对、账实核对，发现问题及时处理。

2. 现金支出控制制度

现金支出控制制度由以下内容组成：

（1）现金支出范围必须满足《现金管理暂行条例》。

（2）企业需要支付现金时，必须先由付款申请人填制付款单，然后将付款单随同有关单证一起送给业务部门主管、会计主管或总经理审核签字。

（3）出纳员收到审核无误的付款单后支付款项，并在相关凭证上盖上"现金付讫"戳记，以免重复支付。

（4）将付款单据送给会计部门编制付款凭证。

（5）出纳员和会计部门根据付款凭证分别登记现金日记账和相关明细账。

（6）定期进行账账核对、账实核对，发现问题及时处理。

（二）定额备用金制度

1. 建立定额备用金制度的意义

对企业一些频繁发生的日常小额零星开支，可以建立定额备用金进行管理。建立定额备用金制度，一方面可以使相关部门和人员在一定职权范围内拥有资金的调度权,提高工作积极性和主动性;另一方面可以减少日常繁杂的报销手续,有利于节省工作时间,提高工作效率。由此可见,建立定额备用金制度是企业对一些程序化的现金支出项目进行管理的有效方式。

2. 现金定额备用金制度的内容

现金定额备用金制度由以下内容组成:

(1)由财务部门统一确定定额备用金项目。例如,建立差旅费备用金、业务招待费备用金、工资备用金等。

(2)确定每项定额备用金的定额。各个部门的定额备用金定额不应当千篇一律,财务部门应根据各部门所承担业务的具体情况,确定各部门定额备用金定额。通常情况下,除工资备用基金外,其他备用金的金额都不能过大。金额一旦确定,任何超过该备用金定额的现金支出,都应事先经过特别审批后才能支付,并在一般现金中支付,而不在备用金中支付。

(3)确定备用金的保管人。备用金应由专人负责保管,备用金保管人要建立备用金登记簿记录备用金使用情况。备用金保管人须根据经过授权审批的发票、单据等原始凭证支付现金。备用金保管人应及时结账,到财务核销已经支付的备用金,并补足已经支付的备用金。备用金保管人上岗前应接受财务部门的专门培训,使其充分了解作为备用金保管员的职责和权利,懂得如何保管现金、如何登记备用金登记簿,以及其他作为备用金保管员应当了解的内容。必须注意的是备用金保管人没有审批报销费用的权力,审批报销的权限必须由其他经授权的专门人员担任,备用金保管员只能凭借经过审核批准的原始凭证支付现金。

(4)备用金的使用必须有发票等原始凭证来证实该笔支出。发票应由备用金使用人签字和审批人签字。在某些情况下,备用金的支付必须得到事先批准。

(5)内部审计人员或其他授权人员应不定期地清查备用金,确保备用金余额和已支付凭证的合计数与备用金的固定金额相等。

(6)当备用金余额在规定数额以下时,备用金保管人可将已支付凭证按用途汇总结账后交会计部门。会计部门审批后,交出纳部门按定额补足该备用金。补足备用金的付款凭证，应由会计部门妥善保管，不能返还给备用金保管人。

（7）各备用金的余额应定期与控制该备用金的总账余额相核对。

3. 银行存款形式的备用金

除用现金作为备用金外，也可替备用金使用人在银行开设备用金专户。采用这种形式的工作原理同上述的现金定额备用金制度基本相同。此时，企业应书面告知银行，该专户存款只能以企业开出的补足备用金支票为依据，取款时只能由企业指定的备用金使用者才能提取，防止经常性的现金收入流入该账户和非备用金使用者提取该现金。

（三）现金预算管理制度

1. 建立现金预算管理制度的意义

对现金建立预算管理制度的目的是通过定期编制有关现金的预算计划，对一定时期企业现金流入与流出进行统筹安排，促进现金的有效周转，提高资金的使用效率。因为现金预算的资料主要来源于销售、采购、生产等日常业务预算，所以加强现金预算管理可以有效地促进其他预算工作，使企业对现金收入与支出有全局性的把握，减少现金过剩造成的资金浪费和现金短缺给企业造成的经济损失。

2. 现金预算管理制度的内容

现金预算管理制度主要针对预算期内的现金和银行存款（以下简称现金）的流入和流出编制预算。其主要内容包括以下几点：

（1）对企业现金收支进行科学预测。根据企业的经营特点，预测预算内的现金收入和支出。现金收入主要是企业的主营业务收入中现金回收部分和收回以前的应收账款。现金支出包括预算期内材料现金采购成本、工资、其他期间费用支出和预计的资本性支出。

（2）将可能的现金收支逐一列示，以反映出各项预算的金额。

（3）根据期初现金加现金收入减现金支出，计算出预算期现金余缺。

（4）结合企业最低现金需求，当现金发生节余时对其进行运用（如短期投资等），在现金发生短缺时通过各种方式进行筹集（如向银行借款、发行债券等），以满足企业正常的生产经营。

通过较为详细和较为远期的现金收支预测和现金预算的编制来规划期望的现金收入和所需的现金支出，从而较为精确地测算出有多少闲置现金可以用来进行临时性投资或在经营中需要筹集多少现金。

现金预算编制者应与出纳和从事现金账务工作的会计人员分离，一般由财务部门的专职人员完成，将货币资金预算与实际执行情况相比较，分析差异进行评价，也可视为货币资金控制的组成部分。

（四）银行存款控制制度

银行存款账户的开设与终止，应由授权批准人员进行审批，在办理银行收付业务时，应严格遵守银行结算纪律。银行存款的收入项目包括存入的现金、收到的票据或其他账户转存，支出项目包括提现、开出票据、转存其他账户。在收支过程中，企业大部分业务可能通过支票结算的方式进行，所以下面主要以支票为例介绍企业应如何建立银行存款收、支和核对的控制制度。

1. 支票收入控制制度

企业收到支票收入款项时按以下程序进行控制：

（1）企业收到支票时，应检查其内容是否填写正确，如出票日期是否正确、金额是否正确、有无出票人印章等。

（2）支票送交银行后，应根据银行回单和其他原始凭证编制收款凭证。

（3）出纳员和会计人员根据收款凭证分别登记银行存款日记账和相关明细账。

2. 支票支出控制制度

企业签发支票支付款项时按以下程序进行控制：

（1）每项支票支出，都必须经过授权的支票签署者的审核签发。在某些情况下，可设立支票会签制度，但必须注意，每个签署者都必须独立审核支票及其附属凭证，否则这种会签制度将隐藏更大的风险。

（2）每项支票支出，都必须由经核准的发票和其他必要的凭证作为依据。

（3）支票的签发应满足《票据法》的要求，特别应明确地写明收款人和金额，并与相应的应付凭证进行核对,无收款人和金额的支票风险非常大,应当禁止。已经作为签署支票依据的有关凭证,应于签署支票后,加盖"已付讫"戳记,以防它们被用来作为重复付款的凭证。支票签发时应在备查簿中登记。

(4) 作废的支票必须加盖"作废"戳记,防止再次被使用,并且应和其他支票存放在一起,按顺序加以留存。

(5) 会计部门根据支票存根编制付款凭证。

(6) 出纳员和会计人员根据凭证分别登记银行存款日记账和相关明细账。

3. 银行存款的核对

银行存款占企业货币资金的绝大部分,为准确掌握银行存款的实际金额,防止资金贪污、挪用,企业应定期核对银行存款账目。定期核对的内容包括银行存款日记账与银行收付凭证相互核对,银行存款日记账与银行存款总账相互核对,银行存款日记账与银行对账单相互核对。

企业在核对银行存款日记账与银行对账单时,应首先编制银行存款余额调节表,对未达账项进行调整。为防止舞弊,根据不相容职务分离原则的要求,银行存款余额调节表应由出纳员和编制收付凭证以外的会计人员编制。

(五) 其他货币资金控制制度

其他货币资金包括外埠存款、银行汇票存款、银行本票存款和在途货币资金等,由于这些资金已脱离银行存款账户,对其管理也应引起密切关注。

外埠存款应为专门的采购需要而进行,防止为其他单位或个人付款;通过函询或索取对账单,审核余额是否正确;采购价款应及时结算,采购业务结束后应将外埠存款转入结算户存款,防止长期占用或移作他用。

银行汇票、银行本票等的办理应符合《票据法》的要求,手续健全、完备;必须为正常的业务需求签发票据;按时结算货款,并进行账务处理;余款或超过付款期限的票据应及时办理转账收回。

在途货币资金应由经营人员在下月及时查询,以防止凭证丢失或被挪作他用。

（六）票据和印章的保管制度

1. 建立票据和印章保管制度的意义

企业在进行现金收支或办理银行结算时可能会使用相关票据或印章，为保证现金和银行存款的安全完整，必须加强对票据和印章的管理工作。建立和完善票据及印章保管制度，一方面可以减少涉及现金和银行存款的舞弊行为，确保实现其安全完整的控制目标；另一方面也可以明确相关责任人的职责，避免由于职责不清造成的损失，在出现问题后可以及时追究责任。所以企业应该制定书面形式的票据和印章保管制度，明确保管人的责任，建立相应的奖惩条例，为加强对现金和银行存款的控制奠定坚实的基础。

2. 票据和印章保管制度的内容

票据和印章的保管制度应当涵盖以下内容：

（1）票据的购买应由相关会计人员提出申请，经会计主管审批后进行。同时，对购入的票据应建立备查簿，反映购入种类、数量、编号等情况。

（2）所有票据均应指定专人负责保管。

（3）票据领用时应该在备查簿上进行登记，反映领用数量、票据编号、领用人及领用时间等。

（4）对无须使用的票据，应退回给票据保管人，由其向会计主管提出申请，经批准后按规定注销。

（5）对使用完的票据应统一编号存档。

（6）银行印章一般应由两人分管，不得擅自将自己保管的印章交他人使用，也不得私自接受他人保管使用的印章。

（7）使用时，掌管印章的两人都要对收付款原始凭证进行审查，审核无误后，才能在有关凭证（支票）上盖章。

第三节 现金流量指标分析

一、现金流量指标分析的作用

现金流量指标分析的主要作用是：第一，可提供本企业现金流量的实际情况；第二，有助于评价本期收益质量；第三，有助于评价企业的财务弹性；第四，有助于评价企业的流动性；第五，可预测企业未来的现金流量。

二、现金流量指标体系的机理

现金流量指标体系是企业进行现金流量管理控制的重要手段，它在企业的财务计划和控制活动如财务预算、价值评估、业绩评价、财务预警中发挥着越来越重要的作用。当前，现金流量指标体系已成为企业的一个重要的信息支持系统和绩效评价手段。同时，随着现金流量管理基本目标的演变，现金流量指标体系的角色定位和关注重点亦有所变化。

作为一个信息支持系统，现金流量管理融入企业的核算体系和预算体系中，为企业内部管理提供了现金控制的关卡；作为一种绩效评价手段，现金流量指标体系起到了较好的业绩考核和风险管理作用，并能通过关键指标值的观察有效揭示现金控制的重点。

通过对现有现金流量指标的梳理和归纳，我们按照不同的作用机理和关注点将其分成三类，分别是基于管理导向、基于状态结构和基于财务预警。其中，基于管理导向的指标体系是根据现金流量管理的目标整理得到；基于状态结构的指标体系立足于企业的生命周期特性，将现金流量管理放在了更长的时段中，同时考虑了现金的流量和流向；基于财务预警的指标体系则是关注企业的未来状况，具有风险预测性。

三、现金流量指标体系的内容

（一）基于管理导向的现金流量指标体系

现金流量指标体系的构建作为企业战略的一部分具有管理导向。这种管理导向形成了现金管理中的关注重点。

1. 流动性管理指标

评价企业的流动性主要根据现金流量和资产转化的时机以及偿还债务的能力，有关流动性的最常见指标有流动比率、速动比率、应收账款周转率和存货周转率等，这些比率尽管能说明一些问题，但由于反映的是企业某一时点上的流动性水平，容易歪曲事实，造成认识的错觉和分析误区。现金流量指标能较好地克服这类缺陷，这些指标包括：现金流动负债比（现金净流量/流动负债）、现金长期负债比（现金净流量/长期负债）、现金债务总额比（现金净流量/债务总额）、债务偿还期（债务总额/经营活动现金流量净额）、现金到期债务比（现金净流量/本期到期的债务）、现金利息保障倍数（经营现金净流量/债务利息）、现金股利保障倍数（经营现金净流量/现金股利）。

2. 盈余现金管理指标

当前，高效的现金管理者已经认识到现金是一种稀有紧缺资源，应该节约使用并获得最大的投资回报率。人们将关注的视角开始转向如何进行有效的盈余现金管理方面。

（1）盈利能力指标。

常见的盈利能力评价指标，如净资产报酬率、资产报酬率等，以权责发生制为基础，不能反映伴随企业现金流入的盈利状况，只能评价企业盈利能力"数"的量、不能评价企业盈利能力"质"的量。因此，在进行企业盈利能力评价和分析时，对企业伴随有现金流入的盈利能力指标进行评价显得十分必要。现金盈利能力常见指标主要有：销售现金比率（经营现金净流量/主营业务收入）、每股现金净流量[（经营现金净流量－优先股股利）/普通股股数]、自有资本金现金流量比率（经营活动现金净流量/自有资本金总额）、经营现金净流量与净利润比率（经营现金净流量/净利润）、经营现金净流量与营业利润比率（经营现金净流量/营业利润）、经营现金贡献率（经营现金净流量/总现金净流量）、现金流量偏离标准比率[经营现金流量净额/（净利润+折旧+摊销）]。

（2）收益质量指标。

收益质量与经营风险是密切联系的，经营风险大、收益不稳定，会极大地降低收益质量。尽管前述盈利能力类指标纳入了现金流因素，既能反映盈利的数量，也能反映盈利的质量，但缺乏能综合反映报告收益与公司业绩之间相关性的指标。收益质量主要以两个较为综合的现金流量类指标来衡量，即净收益营运指数（经营活动净收益/企业净收益）和现金营运指数（经营现金净流量/经营所得现金）。

（3）成长能力类指标。

现金流量的成长能力类指标主要是从增量比角度考察增长速度，或者从企业扩张角度考察投资规模，包括以下几个指标：总现金净流量增长率（分析期总现金净流量/基期总现金净流量-1）、经营现金净流量增长率（分析期经营现金净流量/基期经营现金净流量-1）、现金投资成长率[投资活动现金净流量/（固定资产+无形资产+长期投资+其他长期资产）]。

3. 短缺现金管理指标

随着经济环境的变化，企业的发展速度也大幅提升。但是飞速发展带来的结果是现金的短缺。许多账面盈利的企业却出现经营失败，这主要是因为企业在存货、应收账款和生产等环节投入了大量资金以支持销售的快速增长，导致了现金流量的紧张，使得企业在现金的使用上往往出现捉襟见肘的尴尬局面。这时，除了流动性指标，全面考量企业的经营能力、现金充足能力和现金平衡性的指标也成为人们关注的重点。

（1）经营能力类指标。

经营能力类指标主要包括总资产现金回收率（经营现金净流量/资产总额）和净资产现金回收率（经营现金净流量/净资产）两个指标。

（2）现金充足能力指标。

现金充足能力指标包括现金充足比率[经营现金净流量/（存货投资+现

金股利＋资本性支出）]和资本支出比率（经营现金净流量/资本性支出）。

（3）现金平衡类指标。

常见的现金平衡类指标为经营现金满足内部需要率[经营现金净流量/（购置固定资产支出＋现金股利＋财务费用）]。指标反映企业经营现金流量满足内部需要的能力。虽然企业从外部筹集资金是正常的，但如果企业长期依靠外部融资来维持经营活动所需要现金和支付利息费用，则难以正常开展生产。如果这样，债权人可能会认为风险过大而拒绝提供信贷。一般来说，企业正常经营活动的现金流量，应当能够满足其对营运资本的追加投入、支付股利和利息费用。这才是一个健康企业的标志。

（二）基于状态结构的现金流量指标体系

基于状态结构的现金流量指标体系是从总量和内部结构两个角度对企业一定会计期间的现金流量进行分析的指标体系。它可以使投资者和企业管理者对企业的经营活动尤其是主营业务的运行状况有所了解，把握企业的现有状态，形成对企业的初步诊断，从而制定正确决策，为企业的存续和发展奠定坚实的基础。

对经营活动、筹资活动和投资活动现金流量的状态分析可以对企业构成初步的判别，并形成对企业某些活动领域的特别关注，见表7-4。

（三）基于财务预警的现金流量指标体系

以现金为基础的财务困境或者财务危机预测始于40多年前，至今已经积累了较为丰富的研究成果。以现金流量为基础的财务困境预测已经和以财务指标为基础的财务困境预测以及市场收益率为基础的财务困境预测发展成为三种预测方法，并且产生了很多预测模型。研究发现，以现金流量为基础的财务困境预测具有较高的准确性，如果选取的指标合理、构造模型得当，其比以其余两种指标为基础的模型更加精确，误判概率更低。

表7-4 现金流量状态分析表

经营活动	投资活动	筹资活动	企业状态判别	重点关注
正	正	正	发展期主营业务稳定且占主要地位，没有可供投资的项目	筹集资金的目的和用途
正	正	负	产品成熟期没有可供投资的项目，抗风险能力弱	行业前景和企业的产品后续发展能力
正	负	正	高速发展期仅靠经营活动现金流入净额无法满足所需的投资，必须通过筹集必要的外部资金作为补充	投资决策的正确与否和投资前景
正	负	负	经营状况良好，一方面在偿还以前的债务，另一方面在为未来发展新的盈利模式	经营活动应对意外事件的能力
负	正	负	衰退期经营活动出现困难，靠借款来维持生产经营的需要	投资活动的正现金流量的来源（如来自以前投资的新业务，则实现了主营业务的转型，仍然有好的前景；如为处置经营资产，则到了经营危机的境地）
负	正	负	加速衰退期市场萎缩，为应付债务不得不收回投资，已处于破产边缘，需高度警惕	经营业绩和债务情况
负	负	正	如为初创企业，则说明在投入大量资金开拓市场；如为长期稳定企业，则财务状况具有较大不确定性	企业的发展阶段
负	负	负	陷入严重的财务危机，可能破产	该状态的持续时间

注："正"表示现金流入量大于现金流出量；"负"表示现金流出量大于现金流入量。

1. 修正的杜邦分析体系

有学者认为，传统的杜邦系统数据资料来源于资产负债表和利润表，但随着人们对现金流量信息的日益关注，传统杜邦系统需要引入现金流量分析以更全面地反映企业的信息。在修正杜邦系统的基础上，可以帮助企业更好地进行分析、预测和警示。

2. 财务预警综合指数预警体系

国内有学者基于财务预警模式构建了一套现金指标预警系。该体系在财务预警与经营风险、投资风险、筹资风险之间搭建了逻辑关系，分别设置了反映资本周转、资本扩张和资本结构的预警综合指数指标。该体系引入了现金盈利值（CEV）和现金增加值（CAV）两个重要指标。

第八章 业务流程的内部会计控制

第一节 业务流程及其相关内部会计控制

企业中的内部会计控制是一项庞大的系统工程，涉及企业生产经营管理的各个方面，不仅包括董事会等高层管理人员，而且也影响到每一个企业员工。因此，企业内部会计控制制度具有十分重要的意义。由于内部控制的许多措施和方法是通过企业具体的业务来体现的，从业务流程入手进行企业的内部控制有利于加速内部控制措施与企业具体业务的融合。通常按照一定的标准将企业的所有主要经营过程分成相应的业务循环，然后根据各个业务循环的内容确定相应的控制措施和控制方法。本章主要阐述在一个企业的会计系统中，如何按照不同业务流程确认相关的内部会计控制的基本过程。

一、业务流程

业务流程是指处理某一经济业务的工作程序和先后顺序。尽管某业务流程的具体情况可能因企业而异，但对于大多数企业而言，基本是相同的。业务流程主要包括采购与付款循环、存货与生产循环、销售与收款循环等。这些"循环"，从生产到销售，涵盖了企业生产经营的主要过程和重要环节。

（一）采购与付款循环

采购与付款循环，指采购部门根据业务部门的需要购入各种物质资料，满足生产和管理所需的过程。采购活动往往形成债务，伴随着经济利益的流出，即出现付款业务,采购和付款业务是不可分离的业务流程。

(二)存货与生产循环

存货与生产循环,是指企业采购的原材料入库以后,由生产车间领用,生产工人操作机器对原材料进行加工形成产品的过程。这一循环过程的特点是:存货(包括原材料、在产品、产成品)处于不断的位移过程中,由材料仓库转移到生产车间,在生产车间中由上一生产环节转移到下一生产环节,产品完工后,由车间转移到成品库,等等。在这一循环过程中,责任人也在不断变换,因此,加强存货和生产循环的控制和管理对提高企业经济效益具有重要意义。

(三)销售与收款循环

销售与收款循环,是企业生产经营价值实现的环节,也是现金流入的主要途径。由于销售涉及现金与商品的进出情况,交易频繁,极易产生错弊,使企业遭受损失,因此,建立规范的内部销售与付款控制制度,并有效执行是十分必要的。

二、相关的内部会计控制

对于上述企业的业务流程,我们要明确企业各流程内部会计控制的主要环节,这些环节包括五个方面。

(一)提出内部会计控制目标

控制目标是企业实施内部控制的最终目的,也是评价内部控制的主要依据。因此企业进行各业务循环的内部会计控制过程中,必须首先明确相应的控制目标,然后据此确定控制要素和关键点,这样才能保证财务报告的真实可靠。控制目标又可以分为基本目标和每一循环的具体目标。有效的内部会计控制就是要保证这些目标的实现。

(二)主要业务流程和相应的信息流程

通过各个业务循环的流程以及相应的各种信息的流转,可以明确每一业务循环的主要控制环节。如对于采购与付款循环就要求各企业合理设置采购与付款业务的机构和岗位，建立和完善采购与付款的会计控制程序，堵塞采购环节的漏洞，减少采购风险；销售与收款循环要求各企业在制定商品或劳务的定价、信用标准和收款方式等政策时，充分发挥会计机构和人员的作用，加强合同订立、商品发出和账款回收的会计控制，避免或减少坏账损失。

（三）进行岗位分工和授权管理

进行岗位分工和授权管理是企业内部会计控制的主要措施。岗位分工又称职责分工控制，就是要求企业按照不相容职务相分离的原则，合理设置会计及相关工作岗位，明确其职责权限，形成相互制衡的机制。授权管理又称授权批准控制，要求企业明确规定涉及会计及相关工作的授权批准的范围、权限、程序、责任等内容。企业内部的各级管理层必须在授权范围内行使职权和承担责任，经办人员也必须在授权范围内办理业务。

（四）分析常见的内部控制缺陷

每一个业务循环在运行过程中都存在一定的风险，如记录错误、违反法规、非法交易、欺诈舞弊等。因此，在每一个业务循环中有目的地分析该循环运行中可能出现的错误和问题，有利于及时有针对性地制定相应的控制措施，有的放矢地进行控制，这个过程实质上就是对风险进行评估和对可能出现的错误进行预计或设想的过程。

（五）设置内部控制的关键点

企业的内部会计控制受成本效益原则的制约，不可能面面俱到，万无一失。因此，只有抓住关键的控制环节才能建立起有效的内部会计控制制度。关键的控制点是企业业务流程和经营活动中容易产生风险的环节。抓住每个循环的关键点，也就抓住了内部控制的核心，最终据此形成企业内部会计控制的文字性规范，从而使内部会计控制成为企业各部门和企业员工的行为规范和业务操作指南，也是各部门人员相互监督的依据。

第二节　采购与付款循环的内部会计控制

采购与付款循环是指有关存货采购和向供应商支付款项的全部活动。赊购和现购是此循环中两个主要的交易类型。在采购循环开始阶段，原材料（库存商品）的采购以及其他费用的发生，都以获取收入为目的。采购循环的具体形式并不是千篇一律的，它受许多因素的影响，其中最主要的影响因素是企业的性质（制造业、零售业、批发业或者服务业）和企业组织的大小。

《内部会计控制规范——基本规范（征求意见稿）》中指出：单位应当合理设置采购与付款的机构和岗位；建立和完善采购与付款的会计控制程序；加强请购、审批、合同订立、采购、验收、付款等环节的会计控制；堵塞采购环节的漏洞，减少采购风险。

一、采购与付款循环内部会计控制目标

采购与付款循环的基本控制目标是：规范采购与付款行为，防范采购与付款过程中的差错与舞弊行为，提高采购活动的经济效益。为了实现这个目标，商品或劳务应该满足生产销售的需求，并在合适的时间范围内以最合理的价格获得，确保企业对已采购的和企业有效运营所必需的商品或劳务承担责任，准确地反映企业对外的负债情况，保证应付款项的真实、合理以及授权支付，合理揭示采购业务中所享有的折扣与折让等。

二、采购与付款循环的业务流程与信息流程

（一）采购与付款循环的业务流程

采购与付款循环的业务流程包括与商品和劳务的采购有关的所有活动。这些业务活动的最终结果会反映到存货总分类账和相应明细分类账中。大型制造业企业的采购与付款循环的业务流程一般包括五个环节：

1. 请购

企业生产或管理部门根据生产经营需要和仓储情况，按照采购预算或采购计划提出请求采购的申请。审批人按照相关规定对请购单做出审批。

2. 订货

采购部门依据经批准的请购单向符合信用标准的供货商采购订货。

3. 验收

采购的物资抵达后，应按照订单或合同进行验收，并在验收单上记录验收的情况，确保实际收到的商品与订单或合同规定的相一致。然后将商品运送到商店或工厂车间。

4. 付款

财会部门收到供货商转来的发票及银行的结算凭证后，认真检查发票的详细内容，并与入库单、订货单核对一致后办理付款结算手续，支付货款。

5. 记账

财会人员根据上述有关原始凭证，及时编制记账凭证并据以登记总账、明细账和相关账簿。

（二）采购与付款循环的信息流程

按照上述业务流程，采购与付款循环应设计相应格式的单证和单证的流动程序，以反映动态的信息流程。这些单证主要有以下九种：

1. 请购单

企业按照采购计划或采购预算，由仓储部门或领用部门根据需要提出并填写请购单，经过各部门负责人批准后，递交采购部门，作为申请购买商品、劳务或其他资产的书面凭证。

2. 购货订单

购货订单是由采购部门和供应商共同签订，说明购买指定物资的书面凭证，也称采购合同。购货订单应当包括如下信息：采购数量、规格、价格及相关费用、结算方式和期限等。

3. 验收单

验收单也称入库单，是由仓储部门或收货部门在收到货物时，进行验收和检验所编制的凭证。验收单一式四联（或一式多联）：一联给仓储部门；一联给采购部门用于与订单核对；一联给财会部门用于与发票核对；一联留存。

4. 供应商发票

供应商发票是由供应商开具，交给买方以证明提供货物等事项的凭证。财会部门收到发票后，将其与验收单、订单等核对一致，据此记账并办理结算手续。

5. 付款凭单

付款凭单是由财会部门根据订单、验收单和发票编制的授权证明文件。付款凭单供内部使用，是记录采购业务的基础，也是付款的基础。

6. 转账凭证和付款凭证

转账凭证和付款凭证是财会部门根据上述各种原始凭证编制的、记录企业采购业务和付款业务的记账凭证。

7. 材料采购和应付账款明细账

材料采购和应付账款明细账是财会部门根据验收单、供应商发票及记账凭证记录采购明细账，根据应付款项变化的情况记录明细分类账。

8. 现金和银行存款日记账

现金和银行存款日记账对于用支票结算的，应记录银行存款日记账；对于用现金结算的，应记录现金日记账。记录依据是付款凭单、支票存根及付款记账凭证。

9. 对账单

对账单是用来核对交易双方债权债务的单据，一般由供应商提供，需要买方核实确认。

三、采购与付款循环的岗位分工与授权管理

（一）岗位分工

企业应在采购与付款循环中的每一个环节企业都设置相应的岗位，实行岗位责任制，明确相关部门和岗位的职责、权限，确保办理采购与付款循环的不相容岗位的相互分离、相互制约、相互监督。采购与付款业务不相容的岗位包括以下六对：

1. 请购与审批

商品采购由生产、销售、仓库及其他职能部门根据其需要提出，并经分管采购工作的负责人进行审批，审批人不能超越权力审批，由采购部门组织采购。

2. 询价与确定供应商

采购部门与使用部门共同参与询价程序并确定供应商，不能由采购部门单独完成询价与确定供应商工作。

3. 采购合同的订立与审计

由采购部门下订单或起草购货合同并由授权部门或人员审核、审批或适当审计。

4. 采购与验收

采购部门不能进行货物的验收工作，应由专职人员或质检人员进行验收。

5. 采购、验收与相关会计记录

商品的采购、储存保管人员不能担任会计记录工作，以减少误记商品数量金额的可能。

6. 付款审批与实际付款

付款的审核人应与付款的执行人职务相分离。记录应付账款的会计人员不能同时担任出纳职务，支票的签字和应付账款的记账应相互独立。

企业不能将采购与付款业务的全过程交给同一部门或同一个人办理，应根据具体情况对办理采购与付款业务的人员进行轮岗。同时，企业应配备合格的人员办理采购与付款业务，这些人员必须具备良好的业务素质和职业道德。如

具备一定的专业教育水平、有一定的实践经验、不断接受继续教育、诚实守信、爱岗敬业等。

（二）授权管理

授权管理是企业组织机构设置和人员岗位分工的权责管理机制。为了保证采购与付款循环控制目标的实现，企业要建立严格的授权批准制度。

（1）明确审批人对采购与付款业务的授权审批方式、权限、程序、责任和相关控制措施，规定经办人办理采购与付款业务的职责范围和工作要求。

（2）审批人应当根据采购与付款循环授权批准制度的规定，在授权范围内进行审批，不得超越审批权限。

（3）经办人应当在职责范围内，按照审批人的批准意见办理采购与付款业务。对于审批人超越权限的审批，经办人有权拒绝办理，并及时向审批人的上级授权部门报告。

（4）对于重要的、技术性较强的采购与付款业务，应当组织专家进行论证，实行集体决策和审批，防止出现决策失误。

（5）不允许未经授权的机构或个人经办采购与付款业务。

（6）企业应当按照规定的程序办理采购与付款业务，并在各环节编制相关的记录，填制相应的凭证，建立完整的采购登记制度，加强请购手续、采购订单、验收单、入库凭证、采购发票等文件和凭证的相互核对工作。

四、采购与付款循环内部会计控制的具体要点

（一）常见的错弊

采购与付款循环常见的错弊主要有以下几方面，这些错弊如果不加以合理控制可能会导致采购成本上升，现金大量流失，甚至财物被侵吞。

1. 盲目采购或采购不及时

采购部门或人员没有按照采购计划或请购单进行采购，造成超储积压或供应脱节。其原因：一方面可能是控制制度不健全，对需求和市场估计不足；另一方面可能是采购人员故意所为，以满足个人私利。

2. 采购中价格不实

由于采购价格不透明，采购人员在采购时接受各种形式的回扣是较为普遍的现象，这就导致采购价格虚高、虚开发票、截留资金，采购质量难以保证。

3. 验收不严格

验收人员不认真核对采购物资的质量和数量或对验收时发现的问题未能及时报告。其原因主要是验收人员玩忽职守、对控制制度认识不足，存在以少报多、以次充好、人情过关等现象，也容易诱发采购人员舞弊。

4. 付款控制不严格

采购人员结算时，审核不严或单证不齐就付款，或应付账款管理混乱，导致重复付款、货款流失。

（二）采购与付款循环内部会计控制的要点

采购与付款的内部会计控制涉及采购、验收、储存、财会等众多部门，一个健全、有效的采购与付款的内部会计控制应包括以下内容：

（1）采购、验收、储存、会计与财务部门在人员安排及职责分工等方面应相互独立、实行不相容岗位的相互分离。采购与付款应经上述部门进行相应的确认或批准。

（2）所有购货业务，应编制购货订单，购货订单应通过采购及有关部门如生产、销售等部门的签单批准。订单的副本应及时提交会计、财务部门。

（3）收到货物并验收后，应编制验收单，验收单必须按顺序编号，验收单的副本应及时送交采购、会计部门。

（4）会计部门收到供货商的发票后，应及时送给采购部门，采购部门将发票与购货订单及验收单比较，确认货物种类、数量、价格、折扣条件、付款金额及支付方式是否相符。

（5）会计部门将收到的购货发票、验收单、结算凭证与购货订单、购货合同等进行复核，检查其真实性、合法性、合规性和正确性。

（6）实行付款凭单制。有关现金支付须经采购部门填制应付凭单，并经各有关部门及人员授权批准后方可支付货款。

（7）已确认的负债都应及时支付，以便按规定获得现金折扣，维护同供应商的良好关系，增强企业信用。

（8）应付账款总分类账和明细分类账应按月结账，并且相互核对，出现差异时应编制调节表进行调节。

（9）按月向供货商取得对账单，将其与应付账款明细账或未付凭单明细表相互核对，如有差异应进行调节，并查明发生差异的原因。

同时，企业应当建立预付账款和定金的授权批准制度，加强预付账款和定金的管理。应付账款和应付票据应由专人按约定的付款日期、折扣条件等进行管理，已到期的应付账款须经有关授权人员审批后方可办理结算与支付。企业也应当建立退货管理制度，对退货条件、手续、货物出库、退货货款的收回等做出明确规定，及时收回退货款。

（三）请购的具体内部会计控制

企业应当建立采购申请制度，依据购置的物资或劳务类型等，确定归口管理部门，授予相应的请购权，并明确相关部门或人员的职责权限及相应的请购程序。

企业可以有各种不同的请购制度，并根据不同的请购内容采用相应的控制程序和控制制度。请购环节主要关注采购申请控制和审批控制两方面的控制。企业要按照以销定产和库存合理的原则，根据预算和实际需要及时请购，超过一定金额的采购需求必须由采购部门统一安排，领用部门不得自行采购；审批人员根据职责、权限和程序对采购申请进行审批。对不符合规定的采购申请，审批人应要求请购人员调整采购内容或拒绝批准。

具体来说，采购决策制定后，随着三联请购单的编制，采购与付款循环从仓储或生产部门开始。请购单是由仓储或生产人员向采购部门做出的一个内部书面的关于商品和劳务采购的请求书，第一联发给采购部门，第二联发给付款部门以便将来核对，而仓储部门保留第三联，以便与采购部门的购货订单和收货部门的验收单核对。

在制造业企业里，请购单最初是由仓库经理、个别使用部门或者生产部门形成的。在这些部门里只有特定人员可以申购，而且在许多情况下都有一个上限（按金额计），超过限制需要获得上级的批准。

由于请购单来自各个部门，每份请购单必须由相关部门的主管人员签名。请购单一般不预先编号，因为它们是从企业里众多的部门中形成的。

如果由计算机保存存货记录，企业通常的做法是设计一个程序，当存货水平降低到一定数量或者达到了一定生产水平，计算机就能自动生成请购单；还可以用同样的程序自动记录与采购有关的负债和费用。

企业请购的各相关部门应该加强对请购需求的审核、管理，确保请购需求的依据充分、要求合理，请购单填制正确，同时，还要加强采购预算管理。对于预算内采购项目，具有请购权的部门应严格按照预算执行进度办理请购手续；对于超预算和预算外采购项目，应当明确审批权限，由审批人员根据其职责权限以及实际需要等对请购申请进行审批。

（四）订购的具体内部会计控制

订购是以审批过的请购为依据实施采购的过程。在这一过程中，要决定供应商、采购价格、签订购货合同等重要事项，订购是整个采购业务的关键控制环节。企业应当建立采购环节的管理制度，对采购方式的确定、供应商的选择等做出明确规定，确保采购过程的透明化。

1. 供应商控制

对于大多数企业来说，通常都有许多核准的供货商。企业应通过一定的选择标准确定供应商，包括建立供应商选择标准、供应商选择机制和供应商选择程序。既要考查供应商的信用状况，更要从企业的战略角度出发，考虑物资供应的长期、稳定性。企业应当充分了解和掌握供应商的信誉、供货能力等有关情况，采取由采购、使用等部门共同参与比质比价的程序，并按规定的授权批准程序确定供应商。

2. 购货订单控制

请购一经批准，就可以用请购单来编制预先编号的多联购货订单。购货订单是从一个企业向另一个企业发出的购买货物和劳务的书面要约。购货订单只能在采购部门确信他们可以从有信用的供货商那里获得有利条款的货物之后签订。多联的购货订单应该包含所有要顺利完成订单所需的信息（如数量、品名、价格、条款、地址和发货说明等）。企业至少应该编制五联的购货订单：第一联给供应商，其他三联交给付款部门、仓储部门和收货部门。第五联应由购货部门保留，用来与收货单核对。需要注意的是，在大多数企业里通常的做法是从收货部门的购货订单联上删去订货的数量，由此促使收货人员认真盘点收到的货物。在计算机操作系统中，可以在计算机里保存公开的购货订单文件。此文件可以在后续步骤用来与验收单据核对是否一致。

购货订单是授权执行并记录经济业务的凭据，因此对它的控制非常重要。主要有：每份订单都要预先编号，以确保日后能完整保存和进行会计处理；在订单发出前，必须有专人检查订单是否得到授权人的签字以及是否存在核准的请购单作为凭证，以确保订单的有效；由专人复查订单的编制过程和内容，以保证订单的正确性；订单的副本应提交请购部门以证实订单内容符合他们的要求，同时提交收货部门以便于他们掌握验收标准。

3. 购价格控制

企业还可以采用订货合同、直接采购等方式进行采购。采购订单或合同中，价格是最容易出现问题的部分。采购价格控制同样要从定价标准、机构、程序、授权与批准等方面进行控制。确定采购价格要经过询价、比价、议价和定价等程序。定价可以分别采用议定、公开市场确定、招标定价等方式。

4. 采购时间和数量控制

从请购到采购物资入库所经历的期间为采购时间。对采购时间的控制，主要是防止生产停工待料，或存货过多闲置造成资金浪费。企业还要根据资金周转情况和利率、储存成本和费用、采购价格优惠、消耗方式以及缺货风险等，科学计算和决策最佳经济采购批量。采购部门应运用经济批量法进行采购，并将采购数量与时间及时通知仓储和生产部门。

（五）验收的具体内部会计控制

为了达到控制目的，货物的验收工作应由独立于请购、采购和财会部门的人来承担。收到货物后，相关人员应将供货商的发货单和收货部门的购货订单联核对一致。验收主要从凭证审核、数量检验和质量检验等方面进行。收货控制具有双重作用,既要控制采购环节的业务活动,也要控制存货的管理工作。

收货部门的控制责任主要在收到货物的质量和数量方面。收货部门具有收货、盘点、验收和接收货物的权利。收到的货物应该被临时地储存在指定的区域,保持控制并有助于执行以上的各种检查。任何购货订单和收到的货物之间的差异都应该在购货订单和供货商的发货单上注明,并且得到发货人的认可。

记录了收货的数量后,签名的购货订单联就可以作为验收单,或者单独编制预先编号的多联验收单。收货部门要在收到货物时编制验收单,注明从供货商那里收到货物的数量、种类和状态。

无论采用哪种方法,验收单的第一联,连同供货商的发货单都应送到财会部门,表明货物已经收到,因此要记录相应负债;验收单的第二联应由收货部门保留,用来与收货部门的购货订单联核对一致;验收单的第三联发回购货部门,用以通知他们所订货物已收到;验收单的第四联连同货物应该送到仓储部门或生产部门,第四联应该与仓储部门或生产部门的请购单和购货订单联核对一致,核对一致后,要更新存货卡片。完成了收货、盘点和验收后,采购的存货可以运送到仓储部门或直接送到工厂。

对于验收过程中发现的异常情况,负责验收的部门或人员应当立即向有关部门报告,有关部门应查明原因,及时处理。

在某些控制制度中,提交收货部门的购货订单副本中的数量常常被删去,以便提高收货人独立确定数量的可能性,防止收货人不经检验就根据购货订单上的数量来填制作为其检验结果的控制文件——验收单;而有些控制制度则要求两个收货人在验收单上签字来防止上述情况的发生。

(六)付款的具体内部会计控制

1. 应付账款入账前的审核与控制

应付账款是企业购买材料、商品、物资或接受劳务等而应付给供应商的款项。应付账款的真实与否对企业财务状况有较大的影响。同时,债务人的应付账款即为债权人的应收账款,任何应付账款的不正确记录和不按时偿还债务,都会导致债权人和债务人的债务纠纷。所以，应加强应付账款的管理和内部会计控制。应付账款的内部会计控制制度主要包括以下内容：

（1）应付账款必须由专人管理。

应付账款的管理和记录必须由独立于请购、采购、验收、付款职能以外的人员专门负责，实行不相容岗位的分离。应当按付款日期、折扣条件等规定管理应付账款，以保证采购付款内部控制的有效实施，防止欺诈、舞弊及差错的发生。

（2）应付账款的确认和计量必须真实可靠。

应付账款的确认和计量必须根据审核无误的各种必要的原始凭证。这些凭证主要是供应商开具的发票，验收部门的验收单、银行转来的结算凭证等。负责应付账款管理的人员必须审核这些原始凭证的真实性、合法性、完整性、合规性及正确性。

（3）应付账款必须及时登记。

负责应付账款记录的人员应当根据审核无误的原始凭证及时登记应付账款明细账。应付账款明细账应该分别按照供应商进行明细核算，在此基础上还可以进一步按购货合同进行明细核算。

（4）应付账款必须及时冲抵预付账款。

企业在收到供应商开具的发票后，应及时冲抵预付账款。

（5）正确确认、计量和记录折扣与折让。

企业应当将可享有的折扣和可取得的折让按规定的条件加以确认、计量和记录，以确定实际支付款项的正确，防止企业可获得折扣和折让被隐匿和私吞。

（6）应付账款的授权支付。

已到期的应付账款应当及时支付，但必须经有关的授权人员审批后才能办理结算与支付。

（7）应付账款的结转。

应付账款总分类账和明细分类账应按月结账，并且相互核对，出现差异时应编制调节表进行调节。

（8）应付账款的检查。

按月向供货商索取对账单，将其与应付账款明细账或未付凭单明细表相互核对，如有差异应编制调节表调节并查明发生差异的原因。如果追查结果表明本企业无会计记录错误，则应及时与债权人取得联系，以便调整差异。向供应商索取对账单并进行核对调节的工作应当由会计负责人或其授权的、独立于登记应付账款明细账的人员办理，以贯彻内部牵制原则。

具体来说，就是从供货商那里收到发票后，应该马上签收，然后与请购单、购货订单和验收单的会计联核对一致。通过签收，可以对交易过程的所有细节进行独立检查。

2. 应付账款支付的审核与控制

付款控制侧重于现金流控制。从手段上看，有流程控制、组织控制、岗位控制、凭证控制及制度控制；从内容上看，有零星采购备用金控制、款项支付控制、应付账款登记控制及现金折扣控制等。付款环节涉及供应商、采购、验收、仓储等职能部门及财会部门。

付款环节的控制流程主要表现为债权人请款、负责人审批、财会部门主管审核、与供应商对账、出纳付款等。企业应根据自身特点，安排适合企业经营管理的控制流程，并控制该流程的有效实施。

企业财会部门在办理付款业务时，应当对购货发票、结算凭证、验收单等相关凭证的真实性、完整性、合法性及合规性进行严格审核。符合要求的凭证才能据以付款，对于审核中发现不真实、不合法的原始凭证有权不予接受，并报告企业负责人；对于记载不准确、不完整的原始凭证予以退回，并要求有关经济业务事项的经办人按国家统一会计制度的规定更正、补充，待手续完备后再予以办理。

付款的具体控制制度主要有以下方面：

（1）防止未批准的款项支付。

在付款前，付款人要仔细检查付款凭证是否经授权人批准，任何付款都必须经过财务主管签字。对于现金支付，首先要检查发票上是否有"付讫"的字样，防止二次支付；然后检查是否具有经审核的验收单。对支票付款，要注意对支票本身的控制，签发的支票由签字人本人寄送，不得让核准或处理付款的人接触；未签发的支票要安全保管；作废的支票应予以注销，防止重复开具。

（2）已确认的负债要及时支付。

以便按规定获得现金折扣的好处，并与供应商维持良好的信用关系。财会部门要定期检查应付账款明细账及有关文件，防止失去可能的现金折扣。有的企业为了控制负债的及时支付，将应得到但未获得的现金折扣作为一项费用来处理，以加强会计部门的财务管理。

（3）正确付款和记录。

在付款前，应复核发票上的数量、价格和合计数以及折扣条件。对于因退货或折让而造成的应付账款借项，在良好的控制制度下，也可于未收到供应商的贷项通知单之前，从付款金额中扣除。

3. 应付账款支付的控制方法

应付账款支付的控制方法有明细账余额付款法和凭单付款法，即一票一付两种情况。

《内部会计控制规范——采购与付款（征求意见稿）》第二十二条规定：单位应当加强应付账款和应付票据的管理，由专人按照约定的付款日期、折扣条件等管理应付款项。已到期的应付款项须经有关授权人员审批后方可办理结算与支付。应付账款的支付方法有余额付款法和一票一付法两种方法。

（1）余额付款法。

所谓的余额付款法是直接根据每个供应商应付账款明细账上的余额付款的方法。采用这种支付方法的最大优点是比较简单。但是，根据应付账款余额支付的最大不利之处在于，支付货款时，不再检查核对相关的供应商发票、送货单、验收单等有关原始文件，实际支付的应付账款和发票账单之间，以及采购商品的实际入库情况之间不存在一一对应关系，一旦发生差错或者付款纠纷，查找对账很困难，甚至根本不可能查找对账。

此外，如果对应付账款的入账源头把关不严，就有可能发生应付账款付过头的现象，也有可能导致内外勾结、以虚假的发票计入应付账款账、套取虚假货款却没有收到商品，使企业蒙受损失。

在余额付款法下，应付账款明细账的管理和应付账款的授权支付应当分别由不同的人来承担，授权人员综合考虑企业的付款政策、供应商的具体情况等因素以后，确定在什么时候、向哪个供应商、支付多少应付账款。一旦确定了应付账款的支付对象及支付金额以后，授权人员应当签发付款通知书。

付款通知书一式四联：一联由授权人员留存；一联作为付款通知书与有关支票或者其他支付凭证送交供应商；一联作为出纳员签发支票或者其他付款凭证的依据，出纳员据此登记银行存款日记账；一联由分管应付账款明细账的会计员作为登记应付账款明细账减少的依据。

如果应付账款是根据供应商应付账款余额支付，而不是根据每一份购货发票支付的，那么，负责管理应付账款的会计人员在准备支付应付账款时，应当事先编制一份应付账款支付明细表，将所有支付的供应商对象和相关的供货发票情况罗列清楚。该明细表一式两份，一份送交给出纳员，另一份送交给有权签名支付货款的授权人员。出纳员对付款明细表的内容审核无误后填写支票，但是无权签名付款。随后，出纳员将准备就绪的支票再送交至有关授权人员，该授权人员对付款明细表审核无误后，在出纳员准备就绪的发票上签名，支付货款。

余额付款法的付款控制过程，由3个当事人组成，管理应付账款的会计人员负责提出付款请求，并准备证明付款合理性的相关文件，随后进行双重审查；由出纳员审查付款的准确性，并准备好付款的支票；由授权人员审查付款的合理性，并在支票上签名付款。在这种控制程序中，会计人员、出纳员和授权人员的责任分工有利于减少工作中出现差错的可能性，也有利于防止付款过程中舞弊行为的发生。

（2）一票一付法。

为了克服余额付款法的弊端，可以建立一种一票一付的应付账款明细分类账体系。这一体系的操作思路归纳如下：多证相符——票一账—逐行登记—同行注销。

多证相符是指严格控制应付账款的入账源头，只有发票、送货单、验收单几证相符的采购业务才可以登记应付账款明细账，缺少其中任何一种单据都不得登记应付账款。

一票一账是指对每一个供应商发生的每一笔采购业务,在多证相符的情况下,编制一张记账凭证,在应付账款明细账中登记一笔账。

逐行登记是指由于对某一供应商的商品采购而发生的应付账款在该供应商的应付明细账中逐行序时登记。

同行注销是指应付账款的支付不是根据某一供应商应付账款明细账的余额,而是根据已经入账的每笔应付账款的发票金额支付应付账款,一笔应付账款支付以后,支付的应付账款应当在与发生的相关应付账款的同一行内予以注销。每一行借方登记的应付账款支付数不超过同行贷方已经登记的应付账款发生数。

在这种付款制度下,应付账款的支付由专人审核有关供应商发票、送货单、验收单等原始单据以后才可以签发应付账款支付单。应付账款支付单一式四联:第一联由签发人留存;第二联作为出纳签发支票或者其他支付方法支付货款的依据;第三联与支票存根或者其他支付凭证一起作为应付账款记账员登记应付账款减少的依据;第四联作为付款通知书与支票或者有关付款结算凭证送交供应商。

如果使用计算机系统,"应付账款支付单"可以直接由授权人员输入系统,"应付账款支付单"上的详细情况被记录在计算机里面,同时将"应付账款支付单"的详细信息输入购货业务文件。购货文件中包括所有与这一"应付账款支付单"相关的商品发票、送货单、验收单等情况,购货文件对"应付账款支付单"的信息与原有的信息自动核对无误后,通过授权同意支付,同时更新购货文件中的应付账款明细账和有关总分类账。

如果企业采用的是一票一付应付账款的付款体系,则付款的依据是授权批准的应付账款支付单,具体过程在此不再重复。月末在计算机系统中,所有已经支付的应付账款,其发票、送货单、验收单、付款通知书等应当另外形成"已经付款文件"。未支付的应付账款,其发票、送货单、验收单等应当另外形成"未经付款文件",它们的合计应当与应付账款总分类账中的金额核对相符。

为了满足一票一付法的核算需要,应付账款明细账的格式要做相应的调整。

在一票一付体系下，所有与应付账款有关的单据实际上都进行了二次审核，即应付账款入账时审核了一次，应付账款支付时又审核了一次，而且应付账款贷方登记的实际支付金额不能超过同行借方实际登记的发生数，这样就能够充分保证应付账款记录和支付的准确性，同时防止支付过程中的舞弊行为。

（3）支票准备和签名。

无论采用什么样的形式向供应商支付货款，在支票准备和签名上都必须严格予以控制，这一类控制至少应当包括下列内容：

支票应当事先编号。支票由出纳员负责保管并按照填写要求进行填写。只有在证明付款合理性的所有原始文件都具备的条件下出纳员才有权利签发支票。支票签至少要二次复核签名，第一次复核的资料由应付账款会计员或者凭单登记员提供，第二次复核在第一次复核的基础上进行。一旦支票被支付，所有与支付相关的原始凭证上都要盖上"已支付"的印章。

支票一旦签发，具有法定付款效力以后，应当立即直接送交授权收款的人员，签发准备支票的出纳员和授权签名的授权人员就不能再接触这张支票。

4. 应付账款的对账

应付账款的对账工作由以下两方面的内容组成：

首先，将应付账款明细账与应付账款总账核对，做到账账相符。如果根据应付账款余额付款方法支付货款，应当将应付账款明细分类账与应付账款总分类账核对相符，如发生差异，及时查明原因并采取相应的处理措施。采用一票一付付款的对账方法基本上与余额付款法一样，只是应付账款明细账上的余额计算稍微复杂一些。

其次，将库存商品二级明细分类账、三级明细分类账、库存商品卡片账定期核对相符，做到账账相符、账实相符。

（七）采购与付款循环内部控制的监督检查

企业应当建立采购与付款循环定期或不定期的监督检查制度，包括岗位与人员设置情况、授权批准制度的执行情况、验收制度的执行情况、应付账款和预付账款的管理、相关单据凭证的使用保管情况等。监督检查机构或人员通过实施符合性测试和实质性测试，检查采购与付款循环内部会计控制制度是否健全，各项规定是否得到有效的执行。评价主要以企业战略和企业预算为标准，包括对采购价格与成本标准的评价，采购物资与质量标准、与采购物流标准、与采购组织标准等不同的总体层次进行的评价。

第三节　存货与生产循环的内部会计控制

存货是企业的一项重要的流动资产，主要是指企业在日常生产经营过程中持有准备出售、或处在生产过程中、或在生产经营提供劳务等过程中耗用的原材料等。存货与生产循环的控制，对企业恰当反映财务状况和经营成果有重要影响。

一、存货与生产循环的内部会计控制目标

存货与生产循环的主要控制目标是确保存货安全，生产可控而且是按成本效益原则运作。一般来说，存货与生产循环具体控制目标有：生产是根据企业的授权进行的，成本的记录是真实合法的，所有的耗费都及时地计入了成本，保护存货资产安全完整，提高存货运营效率，保证实际的存货与账面存货相符，防范存货业务中的差错和舞弊。

二、存货与生产循环的业务流程及信息流程

（一）业务流程

存货与生产循环包括原材料入库、原材料保管、车间领用原材料、车间对原材料进行加工、产品完工、产品销售出库等环节。产品加工过程的性质决定了企业是在按分批法核算产品成本，还是按分步法核算产品成本。存货与生产循环的内部控制涉及许多相关的业务循环。制造业企业的存货与生产循环的业务流程一般包括以下七个环节：

1. 储存保管

仓储部门对验收入库的存货应按品种数量进行登记入账，对各种类型存货的摆放、收发等情况按流程登记。

2. 计划生产

通常，企业根据客户订单，或者基于历年销售，或者其他信息的预测情况安排生产，并利用这些信息编制生产预算和生产计划。企业生产计划部门制订生产计划，并交由被授权领导审批，经审批后安排生产部门进行生产。授权生产时应签发预先编号的生产通知单。

3. 存货的领用和发出

领用生产所需的原材料时，生产部门根据生产计划部门下发的生产通知单确定物料需求，填制领料单，报部门经理批准后，送仓储部门据以发货。仓储部门应按照批准的领料单将原材料发送到生产部门。

4. 开始生产

生产车间根据批准的生产通知单或其他方式组织生产，生产部门在收到生产通知单并领取原材料后，将生产任务分解到每一个生产工人，并按任务将原材料分配给生产工人，据以进行生产加工。

5. 成本核算

为了准确地计算产品成本，企业应按照一致性原则归集所发生的所有与产品生产有关的成本，产品的成本不仅包括原材料，还包括人工费用和其他费用。企业应当将材料费用和人工费用记录在相应的在产品账户或者成本中心。制造费用集中计入相应的成本中心后，及时分配计入在产品账户。

企业对所有的生产成本（直接和间接的）进行适当的分类，一般分为直接材料、直接人工、制造费用，即通常所说的料、工、费。企业对原材料的领用、在产品的生产过程、半成品的形成过程、产成品的完工都要有详细的记录和控制。

6. 产成品入库

完工的产品应及时交生产部门清点后转交检验员验收并办理入库手续，或者将产品移交下一部门进一步加工,并在存货记录中准确地记录所有的产成品。产成品入库须由仓储部门先进行清点、检验并签收,然后将实际数量通知财会部门。包括产成品在内的所有存货入库后,仓储部门都要根据各类存货的不同性质,分门别类存放,并加以标识;保管人员根据入库单详细填写仓库货物登记簿并建立台账,及时掌握和反映产、销、供、耗、存情况,以便日后与供、销、财会等部门核对,保证账实、账卡相符。对于有毒、易燃、易爆等危险物品,要严格按照国家规定妥善保管。

7. 存货的盘存和计价

企业应定期对存货进行实地盘点,核实存货数量,并与存货记录核对一致,保证各项存货免受未经授权的使用或转移。在盘点时发现存货盘盈、盘亏的,应及时查明原因,分清责任,填写存货清查盘盈盘亏报告表,并及时送交相关部门。

(二)信息流程

存货与生产循环中的信息流程包括原材料加工,支付职工薪酬和其他人工费用(包括福利费、社会保险等)、发生的制造费用(如固定资产折旧、车间管理人员工资等)。企业只有把握住存货与生产循环单证控制环节,才能了解整个循环的活动轨迹,有效降低经营活动风险。在这一信息流程中涉及的单证主要有九类。

1. 入库单

企业在自制存货完成后,生产部门应编制入库单,并分别交给仓储部门、财会部门、生产部门。入库单应连续编号。

2. 领发料凭证

领发料凭证是企业为控制材料发出所采用的各种凭证,如材料发出汇总表、领料单、限额领料单、领料登记簿、选料单等。仓库保管人员对存货实行簿记管理,在保管单中详细记录存货的名称、规格、数量等信息。

存货出库时,应以生产或销售部门的领料单或出库单为依据。仓库保管人员确认单据的真实性后,按照核准的数量、品种发出存货,这一过程最好由两人共同完成。领料单应连续编号。

3. 生产通知单

生产通知单是企业生产计划部下达的制造产品等生产任务的书面文件，用以通知生产部门组织产品的生产，供应部门组织材料的发放，财会部门组织成本的计算。生产通知单要预先连续编号。

4. 产量和工时记录

产量和工时记录是登记工人或生产班组在出勤日内完成的产品数量、质量和生产这些产品所耗费工时数量的原始记录。常见的产量和工时记录有工作通知单、工序进程单、产量通知单、工作班组产量报告、产量明细表、废品通知单等。

5. 工资汇总表和人工费用分配表

工资汇总表是进行工资费用分配的依据。它是为了反映单位全部工资的结算情况，并据以进行工资结算、总分类核算和汇总整个单位的工资费用而编制的。人工费用分配表反映了各生产车间和产品应负担的生产工人工资及福利费。

6. 材料费用分配表

材料费用分配表是用来汇总、反映各生产车间和各产品所耗费的材料费用的原始记录。

7. 制造费用分配表

制造费用分配表是用来汇总反映各生产车间和各产品所应负担的制造费用的原始记录。

8. 成本计算单

成本计算单是用来归集某一成本计算对象所承担的生产费用，以及计算该成本计算对象的总成本和单位成本的记录。

9. 其他

仓库控制的主要单据还有存货分类表、各部门使用情况统计表、存货盘点表、存货保管成本记录单等。

以上信息流程，还会涉及如下账户：原材料总分类账户以及相应的明细分类账，在产品、人工费用、制造费用总分类账户以及相应的明细分类账，差异账户，产成品总分类账户以及相应的明细分类账。

三、岗位分工与授权管理

（一）岗位分工

岗位责任制是存货与生产循环控制的关键。明确相关部门和岗位的职责权限，确保办理存货与生产循环的不相容岗位相互分离、制约和监督，是存货与生产循环控制的基础。在存货与生产循环的每一个环节设置相应的岗位，包括验收、保管、发料、清查、会计记录、处置审批等。企业应实行岗位责任制，明确相关部门和岗位的职责、权限，确保不相容岗位的相互分离、相互制约和相互监督。

存货与生产循环不相容岗位主要包括存货的保管与清查、存货处置的申请与审批、薪酬支付单的编制与分配、成本费用预算编制与审批、成本费用支出审批与执行、成本费用支出执行与相关会计记录等。

企业不得由同一部门或个人办理存货与生产循环的全过程业务，应当配备合格的人员办理相关业务。办理存货与生产循环的人员应当具备良好的职业道德和业务素质。

企业应当按照材料的验收入库、产品的验收入库、存货的仓储与保管、存货的领用与发出、薪酬计算等环节办理相关业务，并在各环节编制相关的记录，填制相应的凭证，建立完整的存货登记制度，加强各环节凭证和单据的核对工作。

（二）授权管理

企业应当建立存货与生产业务的授权批准制度，明确授权批准的方式、程序和相关控制措施，规定审批人的权限、责任以及经办人的职责范围和工作要求，严禁未经授权的机构或人员办理相关业务。审批人应当根据授权批准制度的规定，在授权范围内进行审批，不得超越审批权限。经办人应当在职责范围内，按照审批人的批准意见办理存货与生产业务，对于审批人超越授权范围审批的业务，经办人有权拒绝办理，并及时向审批人的上级授权部门报告。单位应当制定科学规范的存货与生产的业务流程,明确存货的取得、验收与入库,仓储与保管,领用、发出与处置等环节的控制要求,并设置相应的记录或凭证,如实记载各环节业务的开展情况,确保存货与生产业务全过程得到有效控制。

企业存货与生产业务涉及的要素比较复杂,因此,往往实行授权后的分权管理,授权管理由以下环节组成。

购买原材料(包括低值易耗品、包装物等)的申请,要通过生产、财务等部门共同审批完成,收入存货过程中发生的资金收益和费用支出的办理需要经过财会部门的批准,因生产需要导致存货在企业内部的转移需要得到主管部门的批准,以相关的审批文件为存货转移的依据。

仓库管理部门进行存货保管人员配备时要得到高层管理部门的审批;存货储存地点的确定要经过生产技术部门的批准;存货储存成本的支出要得到财会部门的审核;存货离开储存仓库时,使用存货的部门或人员要出示授权审批材料,并应该取得仓库管理部门的批准;仓库管理部门在销毁有关存货簿记、备查登记等文件资料时,需要经过高层管理部门的批准,同时还要征得财会部门的同意。

稽核小组制订清点或盘点计划,确定清点时间、频率时要向有关主管部门报告,得到批准后才能实施;清点过程中确定存货盘盈、盘亏的处理方法需要得到主管部门的审批;主管会计人员对存货清点结果采取的会计核算方法要经过财会部门主管的批准。

使用存货之前,生产、销售等部门要向主管部门提出申请,各部门在使用存货时,要向仓库管理部门出具生产计划或者存货使用预算审批材料,仓库管理部门核对审批单上的要素后才能发出存货。日常零星使用存货要获得本部门主管的批准,企业应该制定存货使用的权限分配制度,明确规定各级部门主管的审批额度,对于超出审批权限的额度要经过上级主管的批准。仓库管理部门对存货保管的调整方案要经过主管机关的批准,并确定在此过程中出现问题的责任。主管会计初步拟订出存货发出的核算方法后,要向财会部门主管报告,以便综合考虑存货发出成本计算对企业总体经营活动的整体影响等。

四、存货与生产循环内部会计控制的具体要点

（一）常见的错弊

1. 保管不善

保管不善是指没有指派专人对存货等资产进行严格的保管，使得不能及时发现存货的毁损变质等情况，缺乏相应的监督程序，导致账面记录的存货价值已经不能反映真实情况。

2. 收发控制不严

收发控制不严是指收发存货没有经过严格的授权审批控制，具有很大的随意性，出现多发或少发，或者没有通知会计部门及时记录，导致资产损失、账实不符。

3. 成本核算有误

成本核算有误是指对存货等资产的领用没有分类核算，导致相应的支出不能正确计入成本；成本核算缺少必要的复核，不能及时发现计算中出现的失误；虚列费用与支出，从而调节当年销售成本，操纵利润。

4. 销售成本结转不实

销售成本结转不实是指部分会计人员不能将成本在产品和完工产品之间进行正确划分，或者人为调节在产品和完工产品之间的划分比例，导致结转的销售成本不实，利润不实。

（二）存货与生产循环内部会计控制要点

1. 存货发出的内部会计控制

单位应当加强对存货领用与发出的控制。单位内部各业务部门因生产、管理、基本建设等需要领用原材料等存货的，应当履行审批手续，填制领料凭证。单位销售存货，应当符合《内部会计控制规范——销售与收款（征求意见稿）》中的有关规定。单位对外捐赠存货，应当履行审批手续，签订捐赠协议。捐赠对象应当明确，捐赠方式应当合理，捐赠程序应当可监督检查。单位运用存货

进行对外投资,应当履行审批手续,并与投资合同或协议等核对一致。各单位应当建立存货处置环节的控制制度,明确存货处置的范围、标准、程序、审批权限和责任。单位处置残、次、冷、背存货,应由仓储、质检、生产和财会等部门共同提出处置方案,经单位负责人或其授权人员批准后实施。单位应当组织相关部门或人员对存货的处置方式、处置价格等进行审核,重点审核处置方式是否适当,处置价格是否合理,处置价款是否及时、足额收取并入账。单位应当建立健全存货取得、验收、入库、保管、领用、发出及处置等各环节凭证、资料的保管制度,并定期与财会部门核对,发现问题,及时处理。

厂部计划部门一旦批准了某种产品的生产,应当编制生产通知单,生产通知单一式三联:一联由签发部门留存;一联转交生产车间,作为车间组织生产的依据;一联交仓储部门,作为仓储部门发料的依据。

生产车间在领用原材料时必须填制领料单,领料单要列示所需的材料种类和数量,以及领料部门的名称。领料单可以一料一单,也可以一单多料,通常需一式三联。仓库部门核对生产通知单以后向车间发料,领料单的一联连同材料交还领料部门,其余两联经仓库登记材料明细账后,送至财会部门进行材料收发核算和成本核算。

2. 存货在生产过程中的内部会计控制

为了正确地核算产品成本,对在产品进行有效的控制,必须建立、健全成本会计制度,将生产控制和成本核算有机结合起来:一方面,生产过程中的各种记录,如生产通知单、领料单、计工单、入库单等都要汇集到财会部门,由其对它们进行审查和核对,了解和控制生产过程中的实物流转;另一方面,财会部门要设置相应的会计账户,会同有关部门对生产成本进行核算和控制。完善的成本会计制度应该提供有关原材料转为在产品、在产品转为产成品,以及按成本中心或分批生产任务通知单对生产过程中消耗的材料、人工和间接费用的归集和分配的详细资料。

(1) 生产成本控制的业务环节。

企业应建立相应的生产成本控制制度,加强对生产成本的控制,降低生产成本;同时,应保证生产成本信息的准确可靠,为改进成本控制方法、进行成本控制决策提供信息。生产成本业务主要由生产部门负责。同时，还涉及计划、劳资和财会部门。

生产过程中发生的生产成本就经济性质方面看，主要包括外购材料、外购燃料及动力、工资和福利费及折旧支出等。业务程序一般经历以下环节：

第一，企业技术部门会同生产成本发生部门制定材料、动力等费用的消耗定额与开支标准。消耗定额与开支标准的作用有三点：首先，它们是编制生产成本计划，并将费用指标分解落实到生产成本具体发生部门的依据；其次，它们是企业日常运作过程中管理当局控制各项生产成本的依据；再次，它们是计划和财会部门分析成本差异的依据。

第二，用料部门根据生产计划和消耗定额填制领料单，经部门主管人员审核签字后，据以领料；各个部门考核人员做出考勤和产量记录，经由各个部门负责人员审核签字后，送交财会部门，作为计算工资、提取福利费及分配工资费用的依据；车间核算人员记录动力消耗情况，经过主管人员审核签字后作为分配动力消耗费用的依据。

第三，财会部门根据各部门经审核签字后的各项费用开支凭证，结合各部门费用限额办理各项费用的结算业务，同时汇集各项生产成本的原始记录进行审核汇总，并按照生产成本的经济用途计入有关账簿。

（2）生产成本的控制措施。

为保证单位生产成本业务会计核算资料准确可靠，保证生产成本业务合法合规，保证生产成本支出经济合理，保证生产成本计价正确真实，企业应根据生产成本业务的特点以及生产经营对生产成本管理的要求，采取以下相应的控制措施：

第一，为保证生产成本业务符合授权要求，保证生产费用支出经济合理，企业各车间和职能部门需要开支的各项费用，在由专人填制有关凭证后，要经过车间或部门负责人员进行审查批准。超出限额或预算的费用开支，应由上级主管人员审查批准。

第二，为保证生产成本业务合规合法，保证生产成本业务核算准确，企业仓库保管人员应认真复核经过批准的领料单的领料数量是否超过限额、手续是否齐全，再在领料单上签章并据以发放材料；劳资部门复核车间和其他职能部门转来的考勤记录、产量记录等原始记录后，签发由财会部门提供的工资结算单；财会部门检查各种以货币资金形式支付的综合性费用支出是否超过限额或预算、手续是否齐全后，办理货币资金结算。超过计划或预算的费用开支，应检查是否经过适当的批准手续。

第三，为保证生产成本业务记录有效，保证生产成本业务核算准确，企业财会部门有关人员应分别审查由采购、劳资等部门转来的各项费用开支原始凭证及转账凭证基本要素的完整性、处理手续的完备性、经济要素的合法性、计算要素的正确性，并签字盖章以示审核。

第四，为保证证证相符、证表相符，保证生产成本业务记录完整及账务处理正确，企业在记账前，稽核人员审核材料发出汇总表、工资结算汇总表、固定资产折旧计算表及其他费用支出原始凭证基本要素的完整性、处理手续的完备性、经济要素的合规合法性、计算要素的正确性；审核转账凭证基本要素的完整性、处理手续的完备性、其所反映的费用归集要素和金额与原始凭证的一致性，并签字盖章以示稽核。

第五，为保证生产成本业务有据可查，保证生产成本业务账簿之间相互制约和及时提供准确的生产成本核算信息，企业生产成本明细账主管会计根据原始凭证或记账凭证及时登记生产成本等明细账，登记完毕后，核对其发生额与原始凭证或记账凭证的合计金额，并签字盖章以示登记。生产成本总账会计根据记账凭证登记生产成本总账，登记完毕后，核对其发生额与记账凭证的合计金额，并签字盖章以示登记。

第六，为保证账账相符，保证生产成本业务账务处理正确及会计资料准确，企业应在稽核人员监督下，生产成本明细账主管会计与生产成本总账会计定期核对生产成本明细账与生产成本总账的发生额和余额，并相互取得对方签证以示对账。

3.成本核算系统的内部控制制度

（1）建立产品成本的核算制度。

产品成本的核算制度，是指将一定期间的生产费用，按各种产品进行归集，并在完工产品和在产品之间进行分配，以求得各种完工产品总成本和单位成本的制度。产品成本核算制度包括以下内容：

第一，确定成本计算对象。成本计算对象是指为了归集和分配生产费用进行成本计算而确定的生产费用的承担者。包括产品品种、产品加工步骤、产品批别等。确定成本计算对象时，应考虑生产类型的特点和成本管理的要求。

第二，设置成本核算项目。成本核算项目一般包括直接材料、直接人工和制造费用（即通常所说的料、工、费）。企业可以根据自己的生产特点设置符合生产过程的一些成本项目，比如企业可以设置燃料和动力、废品损失等。

第三，确定成本计算方法。产品成本的计算方法有分批法和分步法两个基本方法。

产品成本的分批法适用于单件生产、可识别产品（如轮船或珠宝等）成本的核算。在这种方法中，材料和人工以实际支出分配计入或直接计入各批别产品成本，而制造费用通常使用预先设定的分配率计算分配额计入产品成本。

分步法适用于大批量连续式多步骤生产的产品成本核算（如纺织厂、炼钢厂等）。在分步法下，按产品的生产步骤归集原材料费用、人工费用和制造费用，会计期末按产品的生产特点分别采用逐步结转分步法或平行结转分步法计算结转完工产品成本和在产品成本。

必须指出的是，一个企业采取的成本计算方法并不是唯一的，因为企业在从事产品生产的过程中，由于生产特点和管理要求不同采取的成本计算方法也不完全相同。所以，企业可以根据自身特点以一种成本计算方法为主，结合其他几种成本计算方法的某些特点而综合应用。

（2）成本核算内部会计控制的内容。

为保证产品成本计算的准确可靠，企业应根据生产过程的特点以及经营管理的要求，在生产成本核算过程中设置以下控制点，并采取相应的控制措施。

第一，企业财会部门根据审核后的领退料凭证、工资结算单以及其他有关费用的原始凭证，按照费用的用途归类，划分应计入生产成本的费用和不应计入生产成本的费用，并按照成本项目编制各项费用汇总表和分配表。

第二，企业财会部门应会同生产部门定期清查盘点产品，核实产品数量，确定产品完工程度，及时处理盘亏盘盈及报废的产品，编制产品盘存表。

第三，企业财会部门成本核算人员应在规定的时间内，根据各项生产费用汇总表和分配表以及在产品盘存表，把已经发生应归入生产成本的生产费用在各个期间、各种产品以及完工产品和在产品之间进行分配，计算出完工产品的总成本和单位成本，并编制生产成本计算单。

第四，企业财会部门主管人员应在生产成本计算出来之后，检查成本核算方法是否适当、分配方式和分配比率是否合理、核算程序是否合规、计算结果是否正确，对比已经计算出来的生产成本与计划成本或上期实际成本，检查是否存在差异。经复核无误后，在生产成本计算单上签章以示复核。

第五，企业财会部门主管会计根据复核的生产成本计算单，编制生产成本汇总表，填制有关记账凭证，及时结转生产成本，并根据生产成本计算单及有关科目余额编制成本报表。

第六，为保证账账相符，保证生产成本业务账务处理正确及会计资料准确，在稽核人员监督下，生产成本明细账主管会计应与生产成本总账会计定期核对生产成本明细账与产品成本总账的发生额与余额，并相互取得对方签章以示对账。同时还要核对成本报表资料，做到账表及表表相符，核对无误后签章，并送单位负责人审核和签章。

第七，建立生产成本的差异分析制度，在对产品成本计算无误后，相关人员及时分析实际成本和标准成本之间的差异，找出原因，提出改进措施。

4. 完工产品入库和保管的内部会计控制

（1）存货入库的控制。

仓储部门从生产部门收到存货（产成品或半成品）时，最好是采用永续盘存制保持控制。永续盘存制提供了最好的控制，因为它能定期将现有存货与存货记录进行核对。存货入库时，仓库管理人员要合理确定存货的存放地点、存放顺序，企业监督部门要对入库的全过程进行监控，及时处理发现的问题，同时防止舞弊行为的发生。仓库管理人员要和验收人员进行工作交接，在交接时双方应该约定各自的权利、责任。交接工作完成后，仓库管理人员和验收人员要在有关的文件资料上签章以示负责。

（2）存货保管的控制。

存货保管控制主要是对存货的安全、储存和使用效率进行控制。具体要素包括六个方面：

第一，授权使用。存货的使用需要经过授权审批，并且生产、销售、财务等部门应该保持协调，得到共同授权之后才能使用存货。仓储、保管部门应当建立岗位责任制，明确各岗位在值班轮班、入库检查、货物调运、出入库登记、仓场清理、安全保卫、情况记录等各方面的职责任务，并定期或不定期地进行检查。

第二，库存成本。过多的闲置存货会导致企业存货储存成本的增加，这就降低了存货使用的经济效益，仓库会计应及时与生产、销售部门沟通，反馈存货余缺的情况，保持合理的存货库存水平，这样做既能满足经营活动的需要，又能节约成本。

第三，限制接近。存货属于容易丢失、毁坏的重要资产，应该制定严格的存货限制接近制度，任何人未经许可都不得接触存货以及有关的记录。应该设专人对重要的存货仓库进行保护。

第四，建立存货的分类管理制度。对贵重物品、精密仪器、危险品等重要存货，应当采取额外控制措施，确保重要存货的保管、调用、转移等经过严格授权批准，且在同一环节有两人或两人以上同时经办。企业应当按照国家有关法律法规要求，结合存货的具体特征，建立、健全存货的防火、防潮、防鼠、防盗和防变质等措施，并建立相应的责任追究机制。应该根据存货的物理性质将其放在适宜的环境中，延长存放时间，防止存货的变质和污染。还要注意存货仓库的选址，应该尽量靠近生产车间，特别是沉重、面积较大的存货，这样可以提高使用效率。

第五，建立存货抽检制度。存货经常处于快速流动的状态中，虽然财会部门定期对存货的结存进行盘点，但是仍然可能会出现问题。这就要求对于重要的存货，仓库管理人员应该每天都对存货的出、入情况进行抽查，在存货使用种类不多的情况下尽可能全部检查，期末再由会计稽核人员进行复核，这样能够将风险降到最低水平。

第六，仓库人员的相互牵制。仓库记录人员和保管人员不能由同一人担任，仓库管理人员应该按照有关制度规定行使权利。进出仓库时需要进行登记，并且签字确认，以明确责任。建立仓库的约束激励机制，对于管理成绩较好的仓库和人员给予一定的物质奖励。

（3）存货退出企业的控制。

第一，存货损坏的控制。存货的毁损导致企业资产的减少，而且在很多情况下损坏的存货还具有一定的使用价值。存货的管理人员应该对存货经过的业务环节进行检查，找到存货毁损的原因和有关责任人，无法明确责任时按照有关规定处理。仓库记录人员应该填制存货毁损清单，记录存货损坏的数量、品种以及产生的影响；财会部门根据毁损记录进行相应的会计处理，及时形成报告传递给上级管理人员。

第二，存货丢失的控制。存货丢失从性质上讲不同于损坏，大量的存货丢失必然隐藏着舞弊的可能。仓库人员应该及时登记存货丢失的有关记录，如存货入库日期、数量、名称和出库记录，并与涉及的部门和人员进行核对，查明丢失的原因。如果是发货过程中的合理丢失、损耗，由会计人员直接计入成本；如果是人为错误、疏忽导致的丢失，由直接责任人赔偿；如果查明是人为舞弊造成的丢失，则仓库管理员应该向企业的高层管理人员报告，等待批准后处理。

（4）存货期末清点的控制。

企业应当建立健全存货清查盘点制度，仓储部门和财会部门应该定期或不定期地对重要的存货进行盘点，盘点频率和盘点品种的确定要符合成本效益原则，及时发现并掌握存货的灭失、损坏、变质和长期积压等情况，存货发生盘盈、盈亏的，应查明原因，分清责任，并及时报告有关部门。盘点之后要填制存货盘点报告以备检查，出现问题要及时处理。存货盘点工作由财务、仓库和各级主管共同进行，主要检查账面记录的发生额、余额、发出量、剩余量与实际库存量、发出量是否吻合。对于实行标准成本预算的企业，还应该根据清点的结果分析预算执行的效果，对产生的差异进行分析，编制差异分析报告，注重效益分析。企业应当创造条件，逐步实现存货的信息化管理，确保相关信息及时传递，提高存货运营效率。

（5）存货期末计价的控制。

企业应按照成本与可变现净值孰低对存货进行期末计价，即当成本低于可变现净值时，存货按成本计量；当成本高于可变现净值时，存货按可变现净值计量。

企业应当加强对存货跌价的会计核算，及时掌握存货价值变动情况。确认、计量存货跌价的依据应当充分，方法应当正确。为了更真实地反映企业资产的实际价值，期末应对存货计提跌价准备。对于不同类型的存货应当采取不同的标准，对于没有市价的存货，应尽量以类似商品的市场价格作为参考，对于发生损坏、变质、使用价值减少的存货，应根据具体情况多提准备，及早收回成本，将企业损失降到最低。

第四节　销售与收款循环的内部会计控制

销售与收款循环是指与形成销售以及向客户收款有关的全部活动。它是企业的主要经营业务之一。销售与收款循环使一个企业能够获取收入，而收入就是企业获取利润的基础。由于销售与收款循环包括形成销售以及向客户收款相关的全部活动，涉及的部门多、环节多，再加上销售收入确认的复杂性和应收账款回收的风险性，销售与收款循环更容易产生舞弊行为，因此控制销售与收款业务具有重要意义。

《内部会计控制规范——基本规范（试行）》规定："单位应当在制定商品或劳务等的定价原则、信用标准和条件、收款方式等销售政策时，充分发挥会计机构和人员的作用，加强合同订立、商品发出和账款回收的会计控制，避免或减少坏账损失。"

一、销售与收款循环内部会计控制的目标

销售业务是企业经营活动的重要环节。企业的获利情况、经营成果的大小更多地体现在销售环节，搞好销售环节的内部会计控制对整个内部会计控制系统来说是至关重要的。

在销售与收款循环中,控制目标是确保所有来自营业活动的收入都能适当地确认、记录、整理和存入银行,防止出现差错和舞弊。具体来讲,就是确保销售收入真实合理,企业货物安全完整,销售折扣、退回合理适度,及时、足额收回货款以及保证货币资金的安全完整,保证销售业务顺畅有效地开展。

二、销售与收款循环的业务流程及信息流程

销售与收款循环包括与发生销售、获取销售收入有关的全部活动。应该承认,产生收入的种类和形式以及对其相应的控制,都因企业而异。例如,零售企业会有与制造企业一系列不同的控制,而相应地制造企业也会有与批发企业一系列不同的控制。一般来说,企业主要针对业务环节来建立相应的内部控制制度。

(一)业务流程

制造业企业的销售与收款循环通常包括以下活动。

1. 制订销售计划或销售预算

企业应根据生产能力和对市场需求的调查,确定销售计划或销售预算。

2. 接受客户的订单

企业通过市场促销等活动会收到客户的订单,客户的订单是规范销售行为的直接依据,一般由销售主管来决定是否接受客户订单。在接受订单以后,销售部门应进行登记,在核对客户订单的内容和数量,确定企业能够如期供货之后,编制销售通知单,作为信用、仓库、运输、开票和收款等有关部门履行职责的依据。

3. 授予信用

在市场竞争中,提供商业信用能够吸引客户、扩大销售。但为了减少因提供商业信用而带来的坏账风险,企业应对拟授信客户进行资金信用状况分析,从而对不同的客户提供不同的信用政策。由信用部门负责建立并及时更新有关客户信用的记录。对于新客户,应进行必要的信用调查,确定信用额度,并经企业主管人员核准。客户在这一限额范围内的购货,信用部门有权批准;超过

这一限额则应由信用部门根据授信额度的有关记录来确定是否批准赊销；对于批准赊销的客户，信用部门应在销售通知单上签字以示认可。

4. 发货

仓库根据信用部门核准的销售通知单发货，并编制发货凭证，如出库单等。发货凭证也是登记账簿、开具发票的依据。交货有提货制、发货制、送货制等多种方式。

5. 开具发票

在销售订单、销售通知单、出库单（或提货单）等核对相符的基础上，会计部门开具正式的销售发票。

6. 记录销售

开具发票之后，会计人员应编制相应的记账凭证，并负责登记相应的应收账款明细账和总账、主营业务收入总账和明细账、库存商品总账和明细账等。

7. 收款并记录款项

根据约定的付款条件及方式向客户办理货款的结算，并根据商品销售及货款结算情况在现金或银行存款日记账和应收账款明细分类账中记录收到的款项。

8. 核对账册

核对应收账款明细分类账与应收账款总账并且编制定期核对报告。

9. 坏账处理

对确实无法收回的应收账款，经批准后可作为坏账进行处理。对已经冲销的应收账款，应在备查登记簿登记，以便在已冲销的应收账款日后又收回时进行会计处理。年末，根据应收账款的余额或账龄分析等方法确定本期应计提的坏账准备的数额。

10. 其他

如果在销售过程中还涉及销售退回、销售折扣、销售折让等调整业务，要认真审核这些业务发生的真实性，防止舞弊现象。

（二）信息流程

根据上述销售与收款循环业务流程，应通过相应的单证和记录予以反映和控制，并确保单证传递渠道流畅，销售与收款循环涉及的单证和记录信息有很多，具体如下。

1. 客户订单

客户订单是客户要求订购商品的凭证，一般由客户或由销售部门产生。如果来自客户则相当于订购单。企业有时由销售部门编制销售订单，该订单应反映商品的基本要素，如发货时间、发货地点、发货方式等，并列明经办人、审核人和核准人及合同号等。

2. 销售单

销售单（销货通知单）根据订单填列，应列示客户所订商品的名称、规格、数量、价格以及其他与客户订单相关的资料。销售单应连续编号，并由经办人、审批人等签名，如果发生赊销的，还应由信用审批人加注意见。销售单为销售方内部处理客户订单的重要依据。销售单应设置一式几联，销售、仓库、生产（以订单生产时）、财务等各部门分别留存，销售部门应对销售单内容做必要的记录。

3. 发运凭证

发运凭证（装运凭证）可以是发货单或提货单，是在发货时编制的，用以反映发出商品的规格、数量、品名、型号等。如果是由客户直接来销售企业提货的，则可根据提货单提货，提货单应加注销售方各职能部门的意见；如果是由销售方负责送运的，则可根据发货单发货并将其中的一联寄送给对方。发运凭证作为发货的依据，也是向客户开票收款的依据。

4. 销售发票

销售发票是销售方向购买方开具的票据，包括增值税专用发票和普通发票，销售发票载明已销售商品的型号规格、品名、数量、销售单价、金额、开票日期、付款条件、运费和保险费的价格等。销售发票一联寄送给客户，其余作为财务部门留存或记账依据。销售发票还是计税的重要依据，必须妥善保管，并在发票登记簿上予以详细记录空白销售发票。有的企业以收据替代销售发票，从控制角度，这时的收据也应连续编号并同发票一样设置一式几联。销售发票开出时，尚未收到货款的，应有对方回执，并注明未付货款。

5. 商品价目表

商品价目表列明销售企业各类商品销售单价，可提供折扣的情况。商品价目表作为价格清单，是销售企业的机密资料，不能随意向外透露，同时，如果销售政策有变化应及时修订价目表。

6. 贷项通知单

贷项通知单是用以表示由于销货退回或折让而引起的应收销售款减少的凭证，凭证格式同销售发票，但贷项通知单是一种销售企业内部凭证，故真正引起退货或折让时，往往需要对方将发票退回重开发票，或者凭对方证明（如果是增值税专用发票，需对方税务局开出证明）开出红字发票，予以冲销。

7. 应收账款明细账

应收账款明细账（包括应收票据明细账）是用来记录每个客户各项赊销、货款回收、销货退回及折让的明细账。应收账款明细账应由专职人员根据客户订单、销售单、发运凭证、销售发票以及记账凭证予以记录，对于存在预收款或预收定金销售货物的情况，应收账款明细记录应将预收款或预收定金冲销，以确保应收账款余额的正确性。应收票据明细账用来记录向客户收到的结算票据，包括本票、汇票等，明细账反映票据面额。

8. 主营业务收入明细账

主营业务收入明细账是用来记录销货业务实现收入的明细账，根据收入实现的判定条件（按不同销售结算方式），确定销货业务是否确认收入。对于采用赊销方式的，一般确认收入和确认债权同步。主营业务收入明细账应反映销售商品型号、规格、品名、销售单价、数量以及总金额等。对于退货的，应及时冲回已确认的主营业务收入。主营业务收入还应与主营业务成本保持配比，包括销售商品型号、规格、品名及数量上的配比。

9. 折扣与折让明细账

折扣包括现金折扣和销售折扣，现金折扣是为了早日回收货款而给予客户的回扣；销售折扣是由于客户购货数量较多而给予客户的折扣。折让是由于销售商品品种、质量等不能满足客户需要，为了避免退货而给予客户的货款折让。折扣与折让明细账，作为主营业务收入明细账的备抵账户，应记录折扣与折让原因、金额等。

10. 汇款通知书

汇款通知书是客户在付款时寄回给销售企业的凭证，此通知书一般由销售企业在寄送销售发票时一并寄给客户。汇款通知书应注明客户的姓名、销售发票号码、销售企业开户账号以及金额等内容。

11. 现金、银行存款日记账

对于客户用支票结算货款的（包括现金支票、转账支票），应作为银行存款的增加，并逐笔序时记录；对于零星销售，客户用现金结算的，应作为现金的增加逐笔序时记录。日记账记录依据是收款凭单及收款记账凭证。

12. 客户月末对账单

客户月末对账单是销售企业定期寄送给客户用于购销双方定期核对账项的凭证。客户月末对账单上应注明应收账款的月初余额、本月各项销售业务的金额、本月已收到的货款、各贷项通知单的金额以及月末余额等内容。客户在月末寄出对账单后，应及时与对方取得联系，以确认对方是否收到，并予以核对，最终得到对方确认。

13. 货款催收通知单

当应收账款快到期或已逾期时，销售企业应寄送货款催收通知单，提示对方结清货款。货款催收通知单应列明应收货款余额、催收原因等。

14. 票据备查登记簿

如果客户用票据（包括承兑汇票、本票）进行结算货款的，对票据除了在应收票据明细账记录之外，还应设置票据备查登记簿，包括票据种类、签发日、到期日、利率、金额、贴现等情况的记录。

15. 其他凭单及记录

销售与收款可以按控制需要设置销售日报表、销售月报表、销售商品品种分类明细分析表、销售商品区域分类明细分析表、销售人员业绩分析表、销售客户分析表等。

三、岗位分工与授权管理

（一）岗位分工

企业应当建立销售与收款业务的岗位责任制，根据从销售到收款的业务环节分别设立销售、发货、收款等岗位，建立销售与收款的岗位责任制，明确相关部门和岗位的职责、权限，确保销售与收款循环中不相容的岗位相互分离、相互制约、相互监督。

销售部门（岗位）负责处理订单、签订销售合同、执行销售政策和信用政策、催收货款；发货部门（岗位）负责审核销售发票等单据是否齐全，并办理发货；财会部门（岗位）负责销售款项的结算和记录、监督管理货款回收；有条件的单位可设立专门的信用管理部门，负责对客户进行信用调查、建立客户信用档案、核定客户信用额度、批准销售部门的授信申请、制定企业信用政策等。

企业不得由同一部门或人员办理销售与收款业务的全过程，单位销售与收款业务的不相容职务应包括以下几个方面：

（1）接受客户订单、签订合同应与最后付款条件核准的岗位相分离，即使由同一部门承办，也应由不同的人员来操作。

（2）对于信用政策必须由销售部门和信用部门同时批准。

（3）发货凭证的编制与发货、提取货物或托运货物不能是同一人，发货人与门卫保安相分离。

（4）开具发票与发票审核岗位应当分离，编制销售发票通知与开具销售发票分离。

（5）应收账款记录与收款岗位应当分离。

（6）催收货款与结算货款应当分离。

（7）退货验收的人员与退货记录的人员不能是同一人。

（8）折扣与折让给予与审批应当分离。

（9）不能由同一部门或同一人办理销售与收款业务的全过程。

（二）授权管理

为了保证销售与收款循环控制目标的实现，企业要建立严格的授权审批制度，明确相关部门和岗位的职责和权限，保证各岗位对业务的执行均经过授权，具体规定授权批准的方式、权限、程序、责任和相关控制措施，规定经办人的职责范围和工作要求。具体包括以下几点：

（1）明确审批人员对销售与收款业务的授权批准方式、权限、程序、责任和相关控制措施。审批人应当根据销售与收款授权批准制度的规定，在授权范围内进行审批，不得超越审批权限。

（2）单位应当建立健全合同审批制度，审批人员应对价格信用条件、收款方式等要素进行审批。赊销业务必须经过信用部门审批。销售价格、折扣等必须经过授权批准。核销应收账款或确认坏账必须经过授权批准。

（3）规定经办人办理销售与收款业务的职责范围和工作要求。经办人应当在职责范围内，按照制度规定和审批人的批准意见办理销售与收款业务，对于审批人超越授权范围审批的销售与收款业务，经办人员有权拒绝办理，并及时向审批人的上级授权部门报告。

（4）对于金额较大，或情况特殊的销售业务和特殊信用条件，单位应当进行集体决策，经过有审批权限人员的审批后方可执行，防止决策失误而造成严重损失。

（5）严禁任何未经授权的机构和人员经办销售与收款业务。

四、具体的内部控制要点

（一）常见的错弊

销售与收款常见的错弊行为往往使销售与收款的内部会计控制形同虚设，如果不加以控制会导致现金回笼困难或舞弊情况的发生，使企业遭受重大损失，主要表现在以下几个方面。

1. 发货控制混乱

由于货物发出没有合理的凭单控制，致使有的企业货物被侵占。例如，有的企业从车间直接发货,不办理入库、出库手续,货物被内部人提走;有的企业内外勾结,门卫又把守不严,仓库货物发生短缺等屡见不鲜。

2. 凭证控制不严

各种销售凭证管理不严,没有对销售单、装运凭证、发票等进行连续编号,而且没有建立完善的凭证保管制度,导致多计或少计销售,内部人员擅自涂改、销毁、伪造凭证,为不实记录、贪污舞弊提供了可能。

3. 授信不当

一些企业由于没有充分了解客户的信用情况,或内部没有建立合理的授信制度,或不严格按照信用标准越权批准授信,导致应收账款中大量坏账出现,企业不仅面临巨大的财务风险,而且应收账款的账面价值与实际严重不符,从而可能虚盈实亏。

4. 费用失控

销售费用没有有效的预算或控制措施,一些企业销售费用虚增,造成企业损失。

5. 调节利润

企业不遵循收入实现原则来确认收入,而是出于各种目的提前或推迟确认收入,甚至虚构确认销售收入来操纵利润。

(二)控制的具体要点

1. 客户订单合同管理

销售部门收到客户的订单是整个销售循环的起点。为了保证销售业务的合法性和有效性,客户订单只有在经过适当授权批准后才能执行,客户订单控制的主要环节包括订单审核和订单记录。

(1)订单审核。

销售部门收到客户订单后,首先应送交企业的信用管理部门办理批准手续。对于老客户的订单,信用管理部门主要对本次订单的数量、价格等进行检查;如果客户订单所需要的数量突破历史记录,则信用管理部门应要求客户提供近期的会计报表,根据客户近期的财务状况决定是否接受订单。对于新客户的订单，信用部门必须要求其同时提供能够证明其资信情况的资料和会计报表。通过分析其资信情况和会计报表决定是否接受其购货订单以及允许的信用限额。无论是何种订单，涉及赊销的必须有经过信用部门主管或其他被授权人签字同意的书面文件才能办理；对于现销业务，订单审核较为简单，可以仅对订单数量、质量标准、发运方式等进行审核，但必须经过销售部门负责人的签字认可。

（2）订单记录。

由于客户订单是销售成立的基础，因此，必须做好订单记录工作。销售部门应设置订单登记簿，对收到的每一份订单必须登记在订单登记簿上。就订单接受时间、数量、价格以及销售成交情况和客户支付情况等做记录，以积累客户资料，保证从中筛选出信誉优良、成交量大的客户。在业务成交后，对销售执行情况和客户支付情况也应在订单登记簿上做出记录。

销售合同和采购合同一样，也应确保合同条款公平、完整，销售企业应有合理的合同管理制度，包括合同签订、修改补充、取消、合同保管、传递、编号等，以订单取代销售合同的，应将订单统一管理。

具体来说，当接受了客户的外部销售订单后，负责销售订单的人员就会按照核准的客户清单来审查客户。如果该客户不在清单里，销售订单必须由一个有相应授权的高级管理人员批准，通常是销售经理，然后负责销售订单的职员会核实是否有现货供应，如果没有，那么货物是否能在客户所要求的时间范围内取得。

完成以上的检查后，一份预先编号的、多联的销售订单表也就填制完成了。销售订单表包括摘要、数量和其他与客户订单相关的信息。至少要编制六联的销售订单（称作销售订单包）。在每联销售订单发送到各相关部门之前，销售订单包首先要送到信贷部门批准，信贷部门批准后，销售订单包再返回到销售部门。

在六联的销售订单包中，第一联返还客户作为回执；第二联送到应收账款部门等待收取更多的凭据；第三联和第四联送到仓储部门，其中一联保留在仓储部门，另一联（和客户订单一起）用于批准提取货物以便装运；第五联送到运输部门来批准货物的发运；第六联由销售部门留存以便核对。

2. 货物发运的内部控制

货物发运环节的重要凭证是发货凭证。首先将事先经核准的客户订单各要素应记录在内部统一格式的发货凭证上，并确认所订货物有库存可销售；其次在发货过程中所需的各种授权和批准在发货凭证上应能得到印证，如信用授权、折扣授权、发货核准等；最后发货凭证应作为提货、装运、放行、记账、付款等主要依据。因此发货控制制度的重要环节就是要对发货凭证进行完善设计，包括格式、编号、传递路径等。

发货控制应按发货凭证上载明的发货品种、规模、发货数量、发货时间、发货方式组织发货，使实物流转与凭单流转相一致。从货物离开仓库或车间到达客户整个环节应确保货物的安全、高效。发货控制不仅仅涉及正常销售商品，还包括样品、赠品、搭售品、寄销品及展品等。

具体来说，仓储部门收到适当核准的销售订单联后才能发出货物。设计这个控制程序可以防止没有批准的货物从仓库中搬走。

运输人员只有将销售订单的仓库联和运输部门的销售订单联核对后，货物才可以提取发运给客户。核对无误后，填制完成预先编号的、多联的装运单，一般指提货单，提货单是一个多联的表格，列示了发货项目、运输说明事项以及作为承运人已经收到的货物凭证。

提货单至少要编制一式四联：第一联与货物一起送到客户手中；第二联发送给核准的承运人；第三联和客户订单、销售订单仓储联一起送到应收账款部门；第四联和销售订单的运输联一起留在装运部门以备日后参考。

3. 客户退货的内部控制

单位应当建立和健全销售退回管理制度。如果货物被客户退回，必须立刻调查退货的原因，如果可能应进行更正。货物一旦退回，就要编制客户的贷项通知单，然后据此记录销售退回日记账，应收账款总分类账，应收账款明细分类账和销售退回账户。

（1）销售退回的审批。

为了维护单位的良好形象，当客户对商品不满意而要求退货时，单位应接受退货，但必须经过单位销售主管审批后才能办理有关手续。

（2）销售退回的质量检验和清点入库。

销售退回的货物须经质量检验部门检查验收，仓储部门清点后才能入库。质量检验部门应对客户退回的货物进行质量检验，并出具检验证明；仓储部门应在清点货物、注明退回货物的品种和数量后，填写退货接收报告单。退货接收报告单是对退回货物进行文件记录和控制的重要手段，它应当事先加以编号，在发生退货时填写。填制该报告单的人员不应当同时从事货物的发运业务。一切有关资料，如客户名称、退货名称、数量、日期、退货性质、原始发票号、价格以及退货原因和其他情况说明等，都必须记录在该报告单中。退货接收报告单应由独立于发货和收货职能的人员的监督和检查。

（3）调查退货索赔。

在接到仓储部门转来的退货接收报告单后，应由单位的客户服务部门对客户的退货要求进行调查。其目的是确定退回货物索赔的有效性和合理性，以及应给客户的合理和有效赔偿金额，客户服务部门在调查结束后应当将调查结果和意见记录于退货接收报告单上，提交给信用、会计、销售部门作为最后审核的依据。

（4）退货理赔核准。

退货理赔最终由销售部门核准决定。该核准以仓储部门的退货接收报告单、客户服务部门对退货调查的结果和意见为依据，对合理和有效的退货需要核准退货理赔手续，并将退货理赔意见签署在退货接收报告单上。

（5）填制红字发票。

销售人员应根据验收报告和退货接收报告单填制一式多联的红字发票，红字发票经财会主管核准后，会计人员据以进行调整主营业务收入和应收账款或者进行其他有关账务处理。同时，财会部门在对检验证明、退货接收报告单以及退货方出具的退货凭证等进行审核后，方可办理相应的退款事宜。

4. 发票管理

销售发票是销售业务的真实记录，是收取货款的依据，如果在此环节缺乏有效的控制，将会导致舞弊行为或收入记录不实。销售发票的控制主要有以下几点：

（1）授权控制。

授权控制即发票开具人必须经过授权,任何未经授权的人员不得开出发票。

（2）明确发票管理和领用制度。

明确发票管理和领用制度即指定专人负责发票的保管和领用,尤其是增值税专用发票。发票使用人领用发票必须签章,并注明领用发票的号码,以明确责任。

（3）开具依据控制。

销售发票应以客户订单、销售通知单以及信用核准单等为开具依据。在开具发票时必须依据销售通知单上的连续编号进行,以保证所有发出货物都开具了发票。开具过程中还应核对实际发运数量,保证所有发出商品已核实销售数量；核对客户名称,使之与客户订单相一致；核对发票价格,使之与价格目录或信用部门及销售部门批准的金额一致。

（4）复核控制。

建立发票复核制度,由独立于发票开具人的其他人员对发票的构成要素进行复核。

（5）对发票总额应该加以控制。

对发票总额应该加以控制即对所有发票应定期给出合计金额,以便与应收账款或销货合计数进行核对。

（6）使用和保留连续编号的发票。

开票人员应使用和保留连续编号的发票,包括已作废的发票；独立于发运货物和开票人员的其他人员应该定期检查事先连续编号的销售发票和发货通知单。

具体来说,财会部门收到销售订单联后,与运输部门的销售订单、提货单和客户订单一起,审核无误后开具预先编号的、多联的销售发票。列明实际发货的数量、品种、规格、单价、金额和增值税税额。价格要根据企业的价目表填写,对需要经特别批准的价格应由有关人员批示。至少要编制一式三联的销售发票,第一联送给客户；第二联用来在销售日记账中记录,随后用来更新普通分类账；第三联和两联销售订单、一联提货单、一联客户订单一起送至应收账款部门,用来编制应收账款明细分类账和客户月报表。

5. 客户信用等级管理

如何在扩大销售量的同时及时回收款项，减少坏账损失，是每个企业所期望达到的一个目标。这需要各单位建立科学、合理、有效的信用分析和控制制度，其控制的主要环节有以下几方面：

（1）设立独立于销售部门的信用管理部门，建立客户信用档案。

除了对于客户基本资料的收集、记录之外，应重点对其付款态度、付款方式、信用限额等予以反映。

（2）进行客户资信状况分析。

信用管理部门主要分析客户的合法性、银行对客户的信誉评价、客户的货款回笼时间、客户的履约情况等。在此基础上，为每个客户评定信用等级，据此拟定信用条件和信用限额。

其内容包括按信用等级分别管理和信用等级定期核查两个方面：

第一，不同信用等级客户的管理。对信用等级评价并不是最终目的，最终目的是利用信用等级对客户进行管理。企业和各销售区应针对不同信用等级的客户采取不同的信用或赊销政策。

对 A 级客户，由于信用较好可以不设限额或从宽控制，在客户资金周转偶尔有一定困难，或旺季进货量较大、资金不足时，可以有一定的赊销额度和回款期限。但赊销额度以不超过一次进货为限，回款宽限以不超过一个进货周期为限。

对 B 级客户，可以先设定一个限额，以后再根据信用状况逐渐放宽。一般要求现款现货。但在如何处理现款现货时，应讲究艺术性，不要让客户感到难堪。应该在摸清客户确实已准备好货款或准备付款的情况下，再通知公司发货。对特殊情况可以用银行承兑汇票结算，允许零星货款的赊欠。

对 C 级客户，应仔细审查，可以给予少量或不给信用额度，要求现款现货。如对一家欠款巨大的客户，业务员要坚决要求支付现款，并考虑一旦该客户破产倒闭应采取的补救措施。C 级客户不应列为企业的主要客户，应逐步以信用良好、经营实力强的客户取而代之。

对 D 级客户，不给予任何信用交易，坚决要求现款现货或先款后货，并在追回货款的情况下逐步淘汰该类客户。

新客户一般按 C 级客户对待，实行现款现货。经过多次业务往来，对客户的信用情况有较多了解后（一般不少于 3 个月），再按正常的信用等级评价方法进行评价。

第二，实行客户动态管理，对客户信用等级定期核查。客户信用状况是不断变化的，有的客户信用等级在上升，有的则在下降。如果不对客户信用等级进行动态评价，并根据评价结果调整销售政策，就可能由于没有发现客户信用等级下降而导致货款回收困难。因此，应定期对客户的信用等级进行核查，以随时掌握客户信用等级的变动情况。一般应 1 个月核查一次，核查间隔时间最长不能超过 3 个月。对客户信用等级核查的结果必须及时通知有关部门。

在赊销开始之前，必须向信贷经理获得信贷批准。通常情况下，这要求信贷经理根据现在销售需求的金额检查客户的信贷限额。如果同意，信贷经理采用销售订单包批准销售；如果不同意，销售额超出了客户的信贷限额，在销售之前必须经过高级管理人员的批准。如果是新的客户，通常做法是由专门的信贷机构评定客户的信用等级。制定适当的信贷批准程序可以减少坏账的发生。在计算机系统中，应用程序可以进行检查，确保客户的信贷限额没有超出。

6. 应收账款的内部会计控制

在当前的经济活动中，应收账款普遍存在，而且数额往往巨大，在资产中占有很大的比重。应收账款能否尽快收回，将直接影响企业的资金流动；应收账款能否确实收回，又直接影响应收账款是否会转变为坏账。应收账款的记录是信用部门确定信用政策和是否增加限额的依据。所以，对应收账款的控制，是销售与收款业务中控制的重点。对于应收账款的控制主要包括：应收账款记录的控制、应收账款客户的分析控制、应收账款的收款控制。

（1）应收账款记录的内部会计控制主要有以下几点：

第一，按照客户情况设置应收账款台账，及时登记每一客户应收账款的余额增减变动情况和信用额度使用情况。定期编制应收账款余额核对表或对账单，每年至少一次向欠款客户寄发对账单。编制该表人员不得兼任记录和调整应收账款的工作。

第二，设置应收账款总账和明细账进行核算。应收账款总分类账和明细分类账应由不同的人员根据各种原始凭证、记账凭证或汇总记账凭证分别登记。

第三，应收账款必须根据经过销售部门核准的销售发票和发货凭证加以记录。

第四，企业对长期往来客户应当建立起完善的客户资料，并对客户资料实行动态管理，及时更新。

（2）应收账款客户的分析控制有如下方面：

第一，企业应当建立应收账款账龄分析制度和逾期应收账款催收制度。对催收无效的逾期应收账款应及时追加法律保全程序。

第二，对应收账款实行单个客户管理和总量控制相结合的方法。对应收账款实行单个客户管理，便于对账，可以了解客户的欠款情况、偿还情况及信用程度，及时发现问题，采取措施。对应收账款多、赊销频繁的单位，如果不能对所有客户进行单个管理，也可以侧重于总量控制，通过分析应收账款的周转率和平均收款期、实际占用天数、变现能力来判断企业的流动资金是否维持在正常水平上，以便及时调整信用政策。

第三，企业应当定期按照应收账款账龄来编制应收账款分析表。按照应收账款账龄分类估计潜在的风险，正确计算应收账款的实际价值。

（3）应收账款收款控制有如下方面：

第一，各企业应在单位内部明确经济责任，建立奖惩制度。对从事销售业务的部门实行销售与收款一体化，将从销售到收款的整个业务流程具体落实到部门和有关人员。在对业务人员分解销售指标的同时，也要核定应收账款的回收率。对完成和超额完成指标的部门和人员给予奖励；对不能完成任务的部门和人员扣发奖金甚至工资；对追讨回来的逾期应收账款，可按照一定的比例对有关部门和人员进行奖励。

第二，规定赊销管理权限。企业内部应该规定销售人员、销售主管、销售经理等的赊销批准限额，限额以上的赊销必须由授权的更高级的管理人员根据赊销分级管理制度进行批准。单位要根据单位产品的不同市场要求，采取不同的赊销策略。对供不应求的产品，应该采取现金销售方式；对供大于求的产品或滞销的产品可以适当给予客户优惠的信用条件和信用政策。

第三，采取销售折扣的方式。销售折扣包括商业折扣和现金折扣，其目的是促使客户多购买企业的产品或早日付款，特别是现金折扣，它是加速应收账款周转、尽快回笼现金的一种重要的促销手段。折扣比例和信用期限是企业信用管理的重要方面，企业根据当期确定的信用政策，进行信用成本与收益的权衡，确定恰当的折扣比例和信用期限。现金折扣属于企业的理财行为，在折扣实际发生时，会计上把它作为财务费用处理。

第四，确定合理的信用政策。赊销期的长短、赊销额度的大小，直接影响单位产品的销售。各个企业要结合本企业的实际情况来分析利弊，确定合理的信用政策。

第五，对赊销期较长的应收账款，合同或协议条款必须清楚、严密。赊销期限越长，应收账款发生坏账的风险就越大。因此，企业在与客户签订合同时就必须对其收款方式和收款期限做出明确的规定，并对违约情况及其赔偿做出详细的规定。

第六，选择"硬"货币作为结算货币，避免外汇汇兑损失。在对外贸易中，汇率的变动往往会给企业带来很大的风险。因此，企业在取得债权、形成应收账款时，应该选择"硬"货币作为结算货币，以减少外汇汇兑损失；同时，要做好外汇市场的预测、分析工作，正确选择结算期，运用适当的方法转移外汇风险。

第七，对停止偿还欠款的客户，实行协议清算。当债务方非恶意拒付欠款时，企业可以做出进一步让步，重新签订还款协议，允许债务分期分批归还，以保证债权的诉讼时效。同时，加强各期催收工作。

收款后，客户的付款支票应由两人在场一起打开，并且在一个多联的客户汇款清单上登记。一个客户汇款清单列出了所有通过邮寄收到的现金收入，它可以用来核对银行存款单所记录的现金、应收账款明细分类账中记录的现金和普通分类账户中记录的现金。通常的做法是在销售当日给每一个客户发送汇款通知，然后汇款通知与客户的支票一起寄回。如果汇款通知没有随客户的支票一起收到，通常由打开邮件的人编制一份通知单。

客户汇款清单至少要编制一式三联：第一联和汇款通知一起送到应收账款

部门；第二联送到一般会计部门更新相关的普通分类账（银行存款、应收账款和折扣费用）；第三联和支票一起送给出纳用来编制银行存款单，更新每日现金汇总表和现金收入日记账。

支票和出纳员的客户汇款清单联用来编制银行存款单和两联现金汇总表（实际就是现金收入日记账）。存款单和支票应一起送到银行。一联现金汇总表用来更新应收账款分类账，另一联用来更新普通分类账。

每天必须将所有收入全部存入银行，全部表示所有收入（现金和支票），在收到时都应存入银行，避免"坐支"现金（将没有存入银行的收入现金用于支出）。

手工会计记账系统中，在现金汇总表（或现金收入日记账）中记录客户付款应该由独立于总账和应收账款明细分类账的人来完成。

应收账款明细分类账应定期和应收账款总账进行核对，当应收账款明细表的总额和应收账款总账余额存在差异时，应立刻展开调查。每个期末，应给每个客户发送月报表。

7. 应收账款坏账的控制

坏账是指企业经确认无法收回的应收账款及其他应收款。坏账损失是指由于坏账而造成的损失。企业应当在采用应收账款赊销政策的同时，采取各项催账政策以减少坏账损失。

（1）坏账确认控制。

企业对于账龄长的应收账款，应当报告决策机构，由决策机构进行审查，确定是否确认为坏账。企业对于不能收回的应收款项应当查明原因，追究责任。按照会计制度的规定，有确凿证据表明某项应收账款不能收回或收回的可能性不大（如债务单位已经撤销、破产、资不抵债、现金流量严重不足或者遭受严重的自然灾害，导致其在短时间内无法偿付债务等，以及3年以上的应收账款），应该确认为坏账。但是，下列情况不得将应收账款确认为坏账：当年发生的应收账款；计划进行重组的应收账款；与关联方发生的应收账款；其他已经逾期，但无确凿证据表明不能收回的应收账款。

（2）坏账批准的控制。

对有确凿证据表明确实无法收回的应收款项，根据企业的管理权限，经股东大会或董事会，或经理（厂长）办公会议或类似的机构批准作为坏账损失。单位要制定严密的坏账批准程序，按照授权原则和方法进行坏账的审批。一般情况下，应由有关的业务部门对坏账进行确认后，上报单位的最高管理层进行最终的审核和批准，而不能盲目地、任意地批准坏账，要慎重行事。

（3）坏账处理的控制。

企业对发生的各项坏账，必须查明责任，并按规定的审批程序做出正确的会计处理：对于确实收不回来的应收账款，经批准后可以作为坏账损失，冲销计提的坏账准备，注销该项应收账款；已经注销了的坏账应当记录在备查登记簿上，做到账销案存；已注销的坏账又收回来时，要及时入账，并按照实际收回的金额，增加坏账准备，严禁形成账外账。

（4）计提坏账准备的控制。

坏账控制的更重要的环节是对于未偿还的和长年过期账款，应该在它们变成坏账前进行追查。企业应按照应收账款的实际情况和授信政策，确定计提坏账准备的标准，对应收账款合理提取坏账准备。

计提坏账准备是按照会计核算中的谨慎性原则的要求，在每年年度终了时，对应收账款进行全面检查，预计各项应收账款发生坏账的可能性，按照一定的方法计提用于将来抵偿发生的坏账损失的准备金。坏账准备计提得越多，防范今后出现坏账风险的能力就越强，但是，其对当期的利润和税收的影响也就越大。所以各个单位必须按照会计制度的要求，正确计提坏账准备，包括选择合理的计提坏账准备的方法、正确计提坏账准备、对坏账准备进行正确的会计处理，以及不得计提秘密坏账准备等。

参考文献

[1] 蔡维灿. 财务管理 [M]. 北京：北京理工大学出版社，2020.

[2] 董艳丽. 新时代背景下的财务管理研究 [M]. 长春：吉林人民出版社，2019.

[3] 段顺玲，李灿芳. 财务管理 [M]. 北京：北京理工大学出版社，2020.

[4] 韩静. 企业战略并购财务风险管理研究 [M]. 南京：东南大学出版社，2012.

[5] 胡椰青，田亚会，马悦. 企业财务管理能力培养与集团财务管控研究 [M]. 长春：吉林文史出版社，2021.

[6] 黄娟. 财务管理 [M]. 重庆：重庆大学出版社，2018.

[7] 黄倩. 财务管理实务 [M]. 北京：北京理工大学出版社，2017.

[8] 李艳华. 大数据信息时代企业财务风险管理与内部控制研究 [M]. 长春：吉林人民出版社，2019.

[9] 陆志平. 财务管理解析 [M]. 昆明：云南大学出版社，2015.

[10] 彭亚黎. 财务管理 [M]. 北京：北京理工大学出版社，2017.

[11] 饶慧云. 高校会计风险管理与控制策略 [M]. 南昌：江西科学技术出版社，2019.

[12] 陶燕贞，李芸屹. 财务管理与会计内部控制研究 [M]. 长春：吉林人民出版社，2020.

[13] 田晓川，孙利平. 财务管理教程 [M]. 成都：电子科技大学出版社，2015.

[14] 韦绪任. 财务管理 [M]. 北京：北京理工大学出版社，2018.

[15] 文静, 赵宏强. 财务管理实务 [M]. 成都: 西南交通大学出版社, 2018.

[16] 武建平, 王坤, 孙翠洁. 企业运营与财务管理研究 [M]. 长春: 吉林人民出版社, 2019.

[17] 徐静, 姜永强. 企业财务管理与内部控制体系构建 [M]. 长春: 吉林出版集团股份有限公司, 2018.

[18] 许素琼, 邹显强, 文容. 财务管理 [M]. 北京: 北京理工大学出版社, 2017.

[19] 杨敏茹. 财务管理项目化教程 [M]. 西安: 西北大学出版社, 2018.

[20] 叶陈刚, 郑洪涛. 内部控制与风险管理 [M]. 北京: 对外经济贸易大学出版社, 2011.

[21] 张先治, 袁克利. 财务报告内部控制与风险管理 [M]. 沈阳: 东北财经大学出版社, 2008.

[22] 张小军. 高职院校财务管理的理论与实践 [M]. 昆明: 云南大学出版社, 2017.

[23] 张远康. 新时期高校财务管理问题研究 [M]. 天津: 天津科学技术出版社, 2019.

[24] 赵立韦. 财务管理理论与实务 [M]. 成都: 西南交通大学出版社, 2018.

[25] 周浩, 吴秋霞, 祁麟. 财务管理与审计学习 [M]. 长春: 吉林人民出版社, 2019.

[26] 朱学义, 朱林, 黄燕. 财务管理学 [M]. 北京: 北京理工大学出版社, 2021.